BODENSEE

ZYRO KRUZ

Bodensee

Cover Design: ZyroKruz
ISBN: 9798662745070

zyrokruznotebooks@gmail.com

Copyright © ZyroKruz Notebooks | 2020
All rights reserved. No parts of this publication may be reproduced, distributed, or transmitted in any form, or by any means, including photocopying, recording or other electronic or mechanical methods, without prior written permission from the publisher.

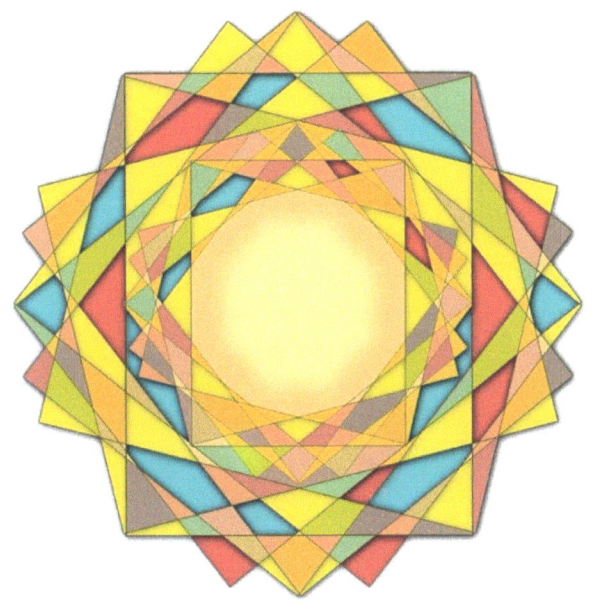

BREGENZ

HERZ-JESU-KIRCHE BREGENZ | 140 cm x 100 cm
HERZ-JESU-KIRCHE BREGENZ BEI NACHT | 140 cm x 100 cm
BODENSEE BREGENZ | 100 cm x 100 cm
BREGENZER FESTSPIELE AIDA | 140 cm x 100 cm
SONNE ÜBER DEM BODENSEE | 140 cm x 100 cm
ZÜGE IN BREGENZ | 100 cm x 100 cm
PFÄNDER BREGENZ | 140 cm x 100 cm
LANDSCHAFT | 140 cm x 100 cm
APFELBAUM | 100 cm x 100 cm
GEBÄUDE | 140 cm x 100 cm
VORARLBERGER NACHRITCHTEN | 140 cm x 100 cm
NACHTBOOT | 140 cm x 100 cm
SONNENSTRASSE | 100 cm x 100 cm

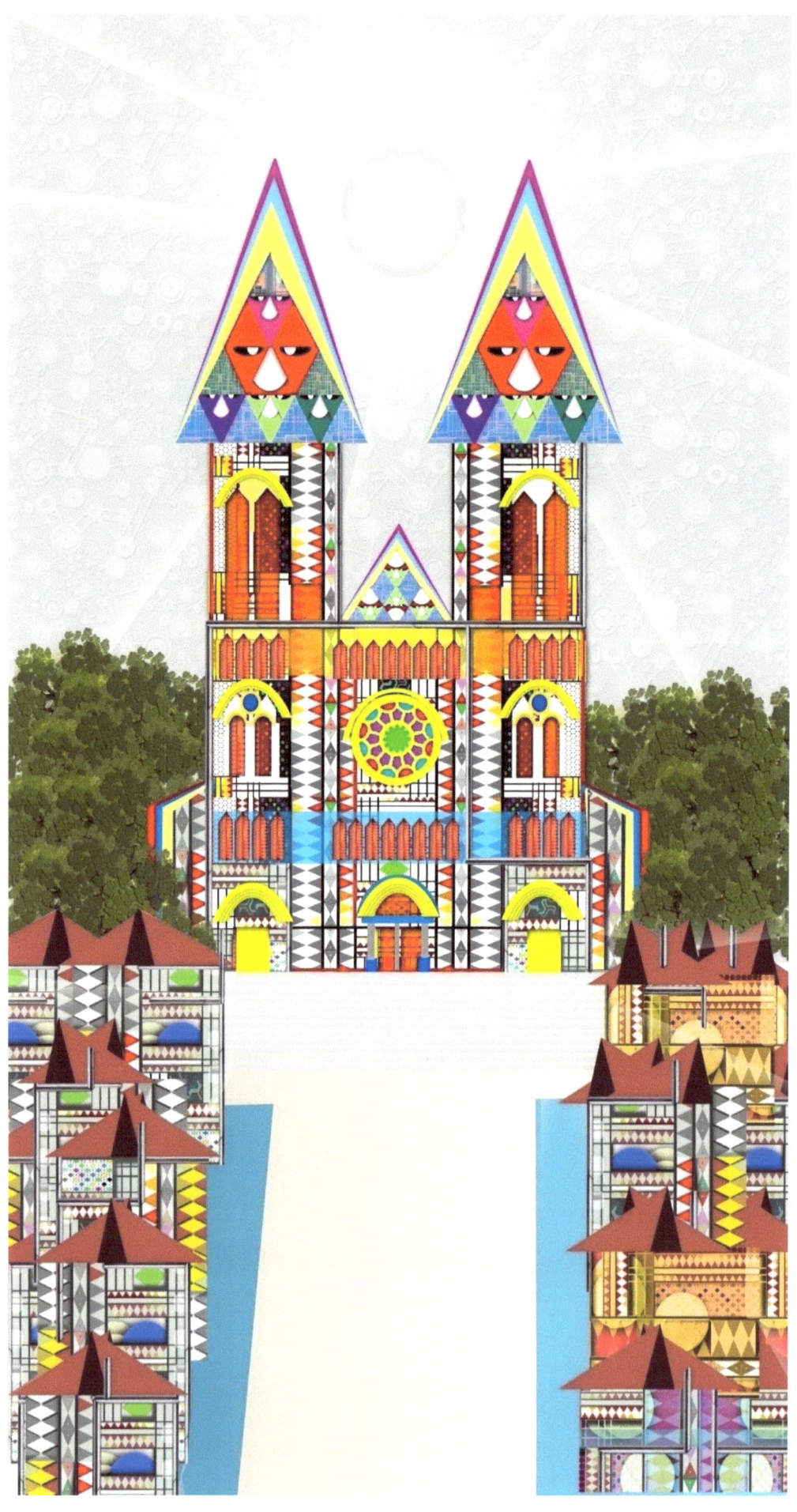

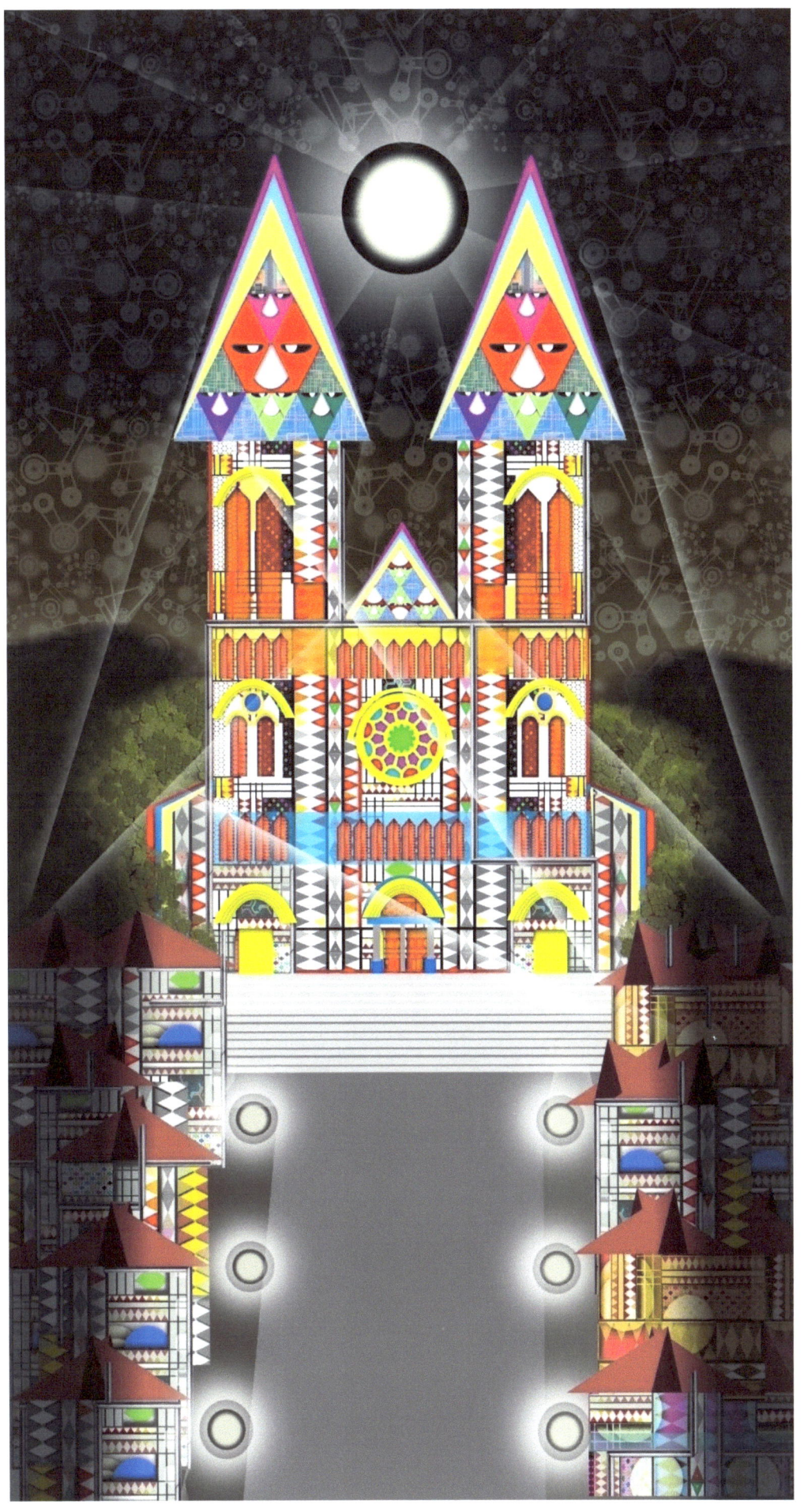

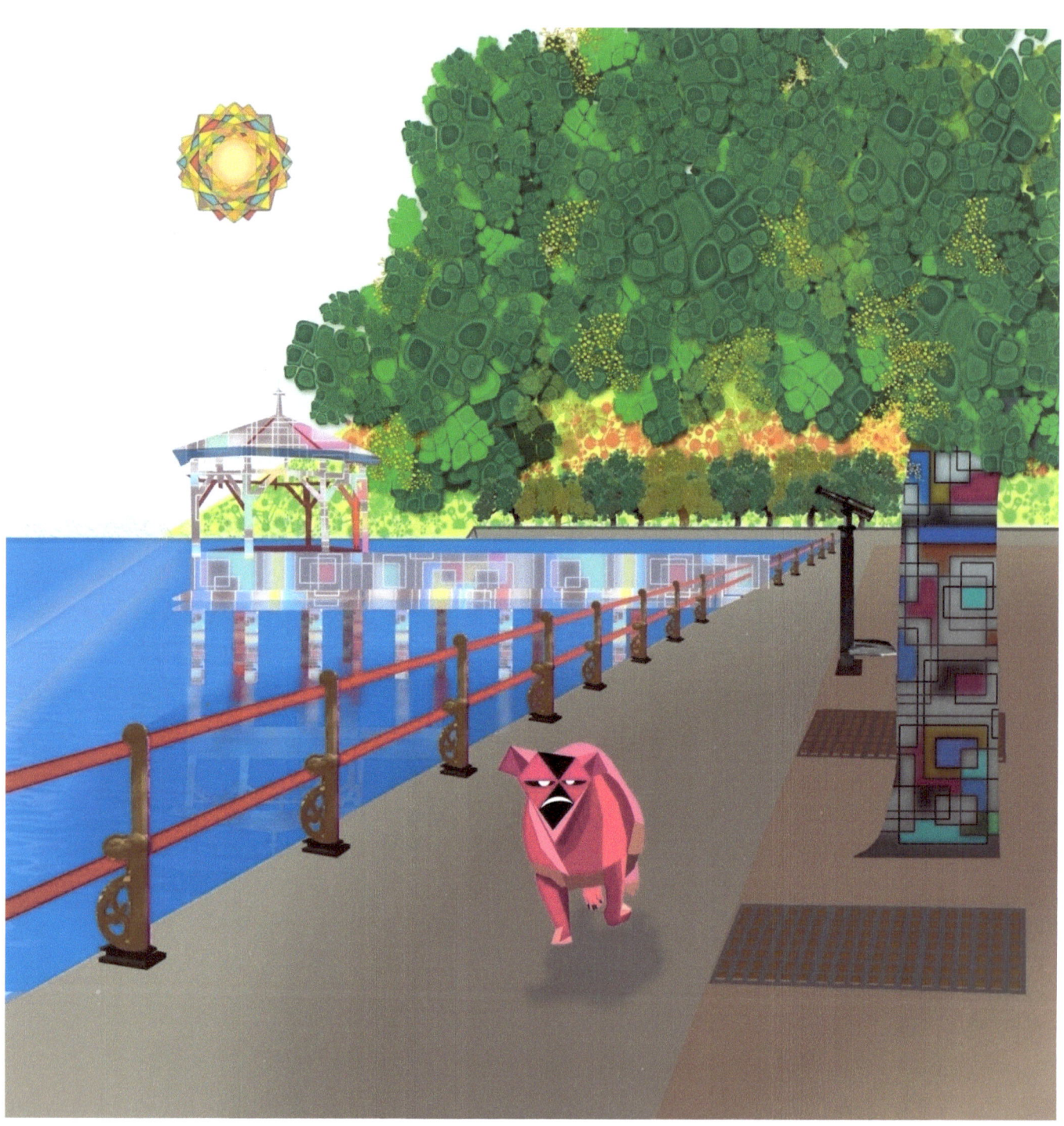

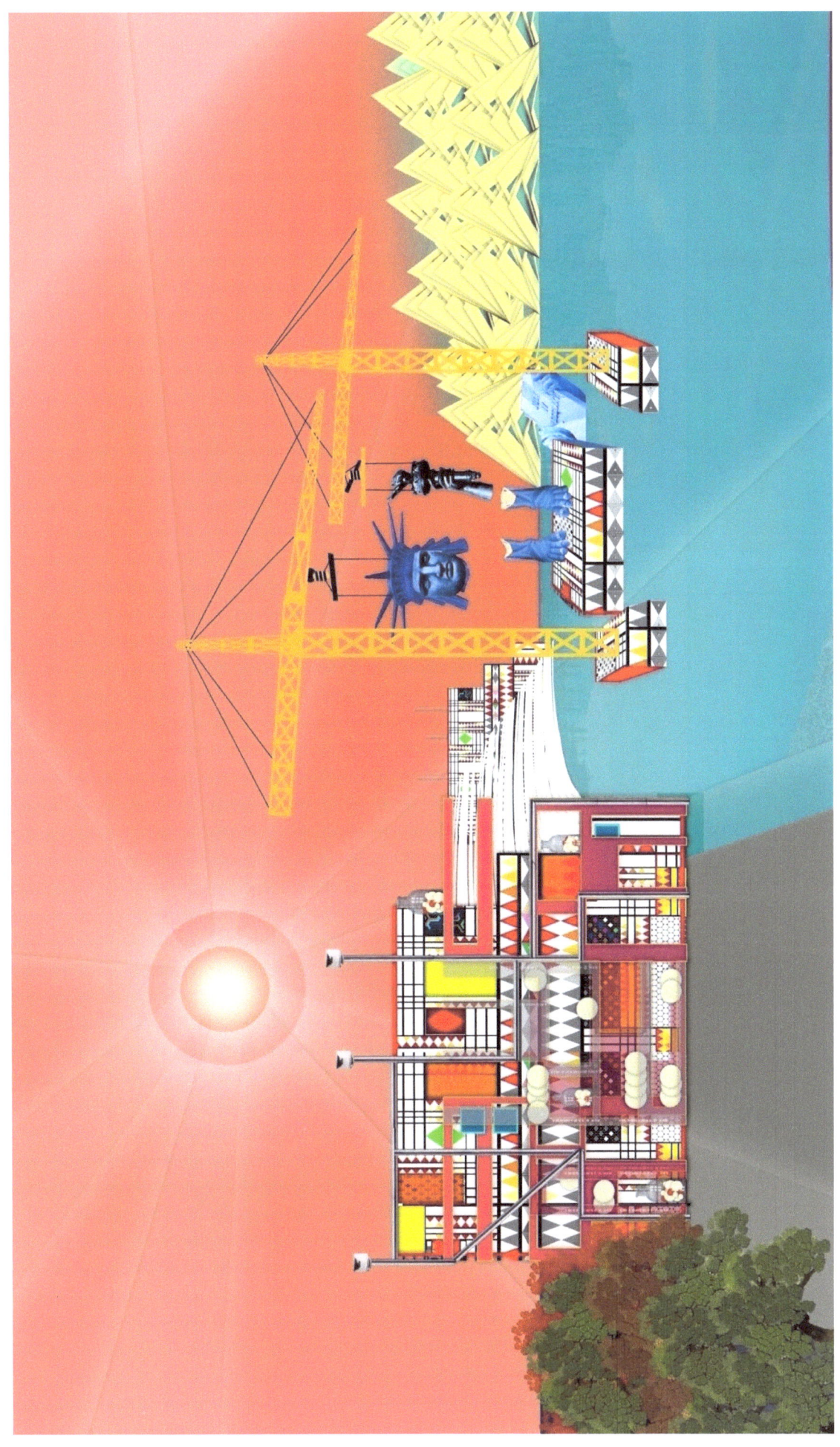

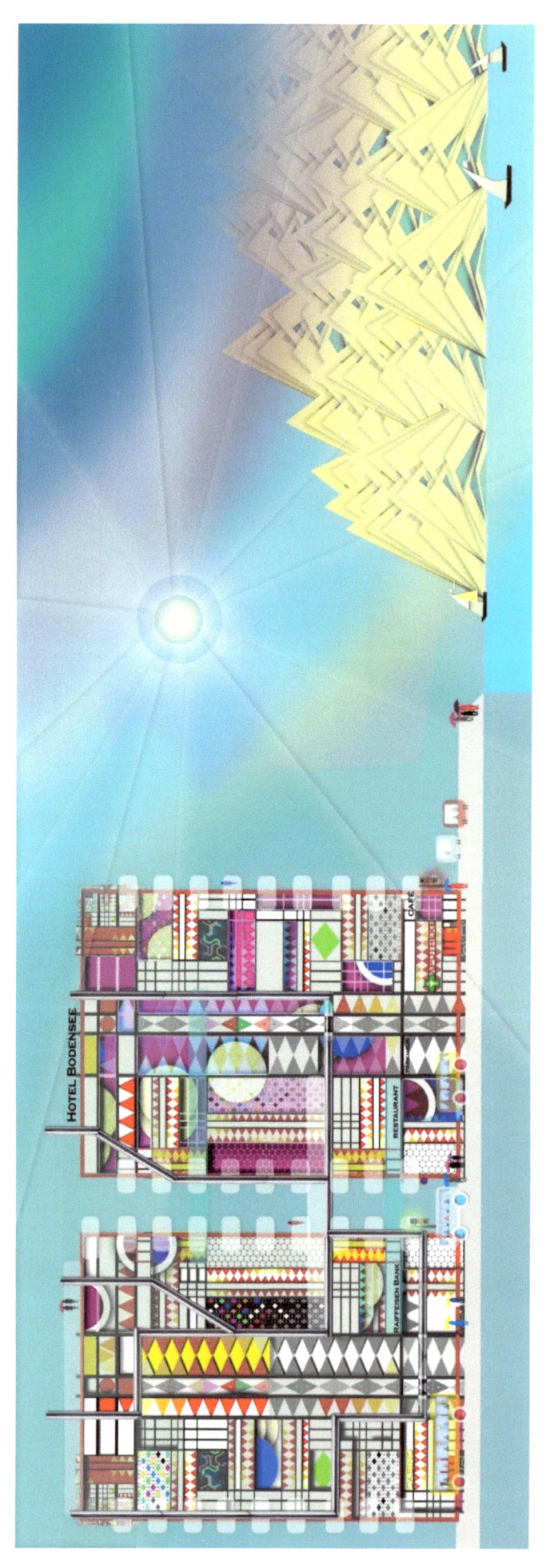

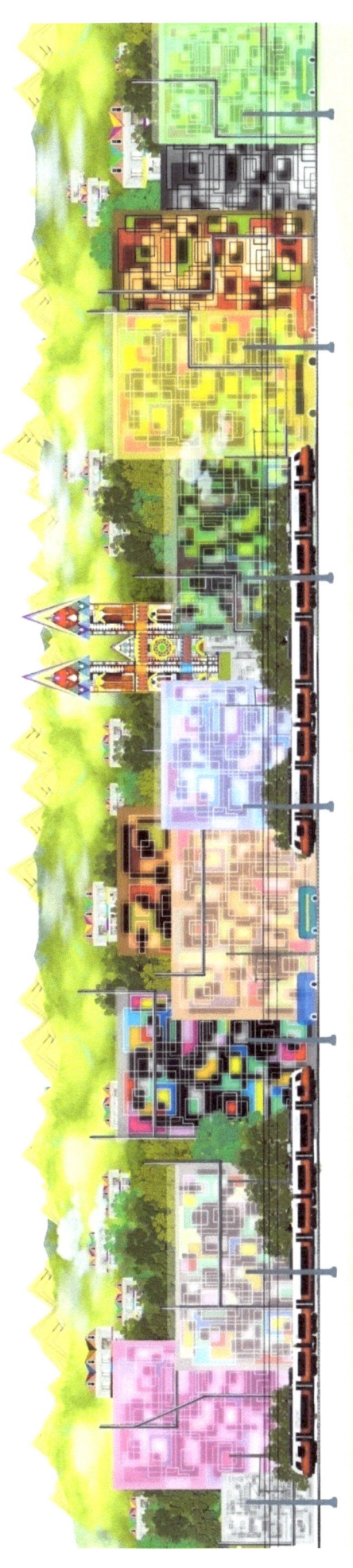

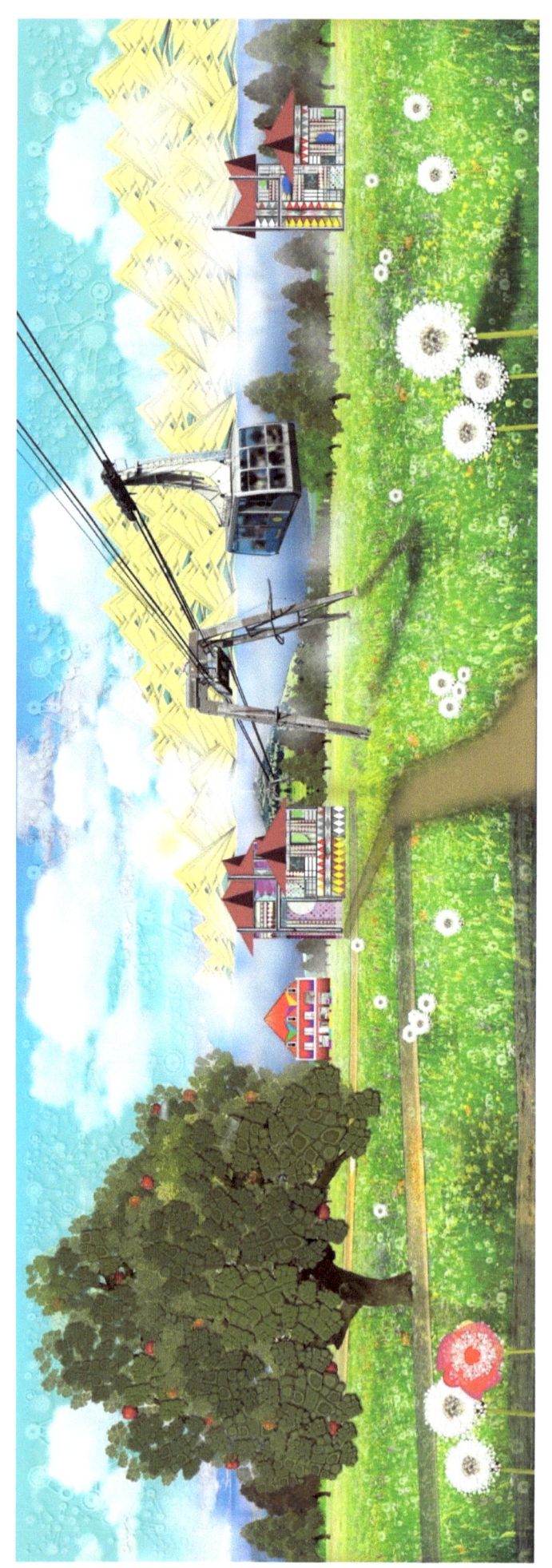

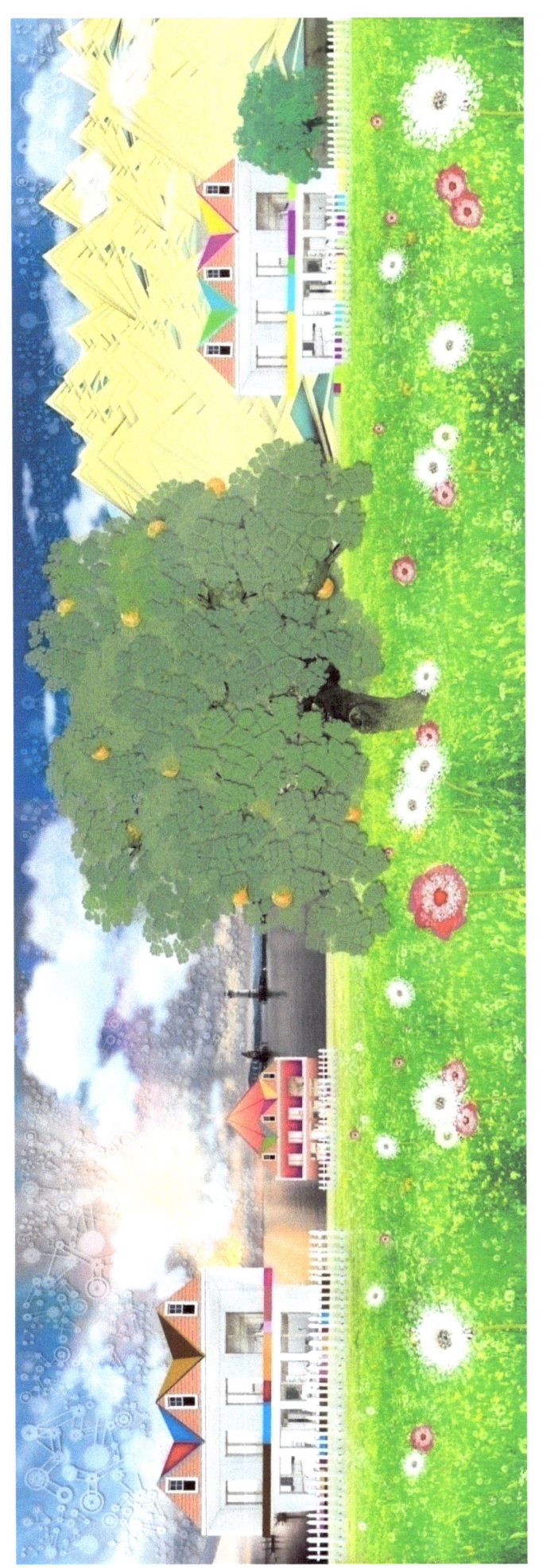

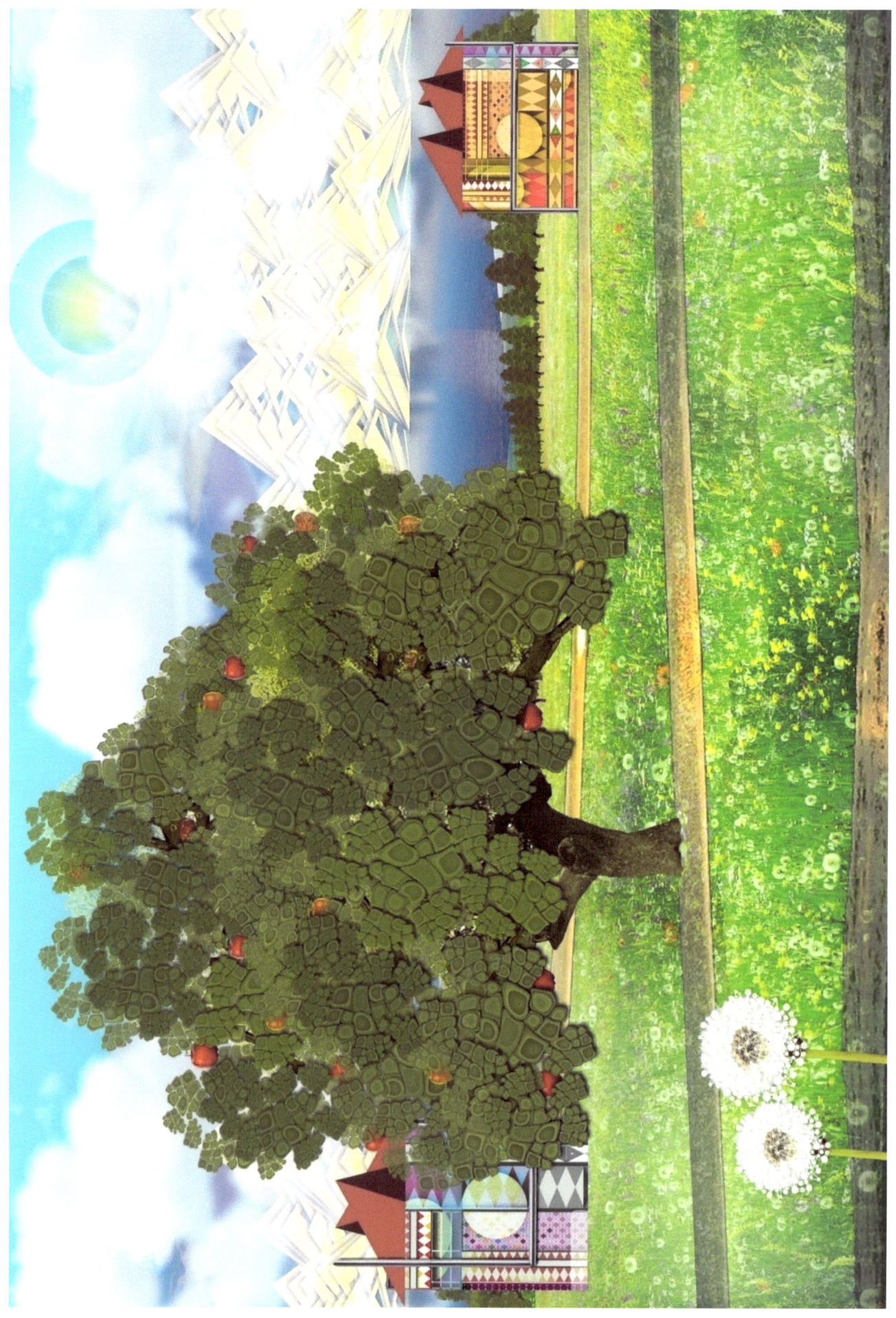

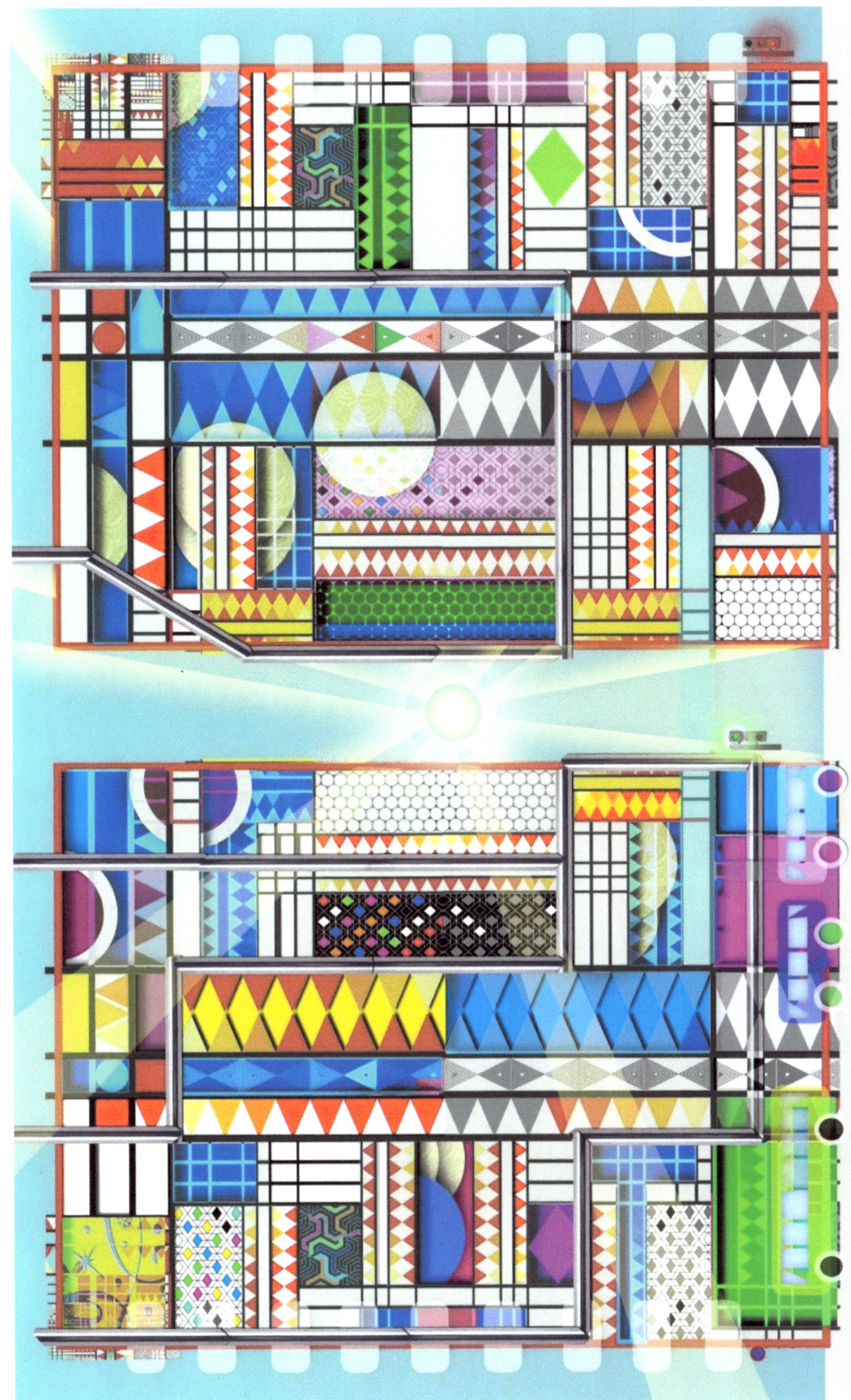

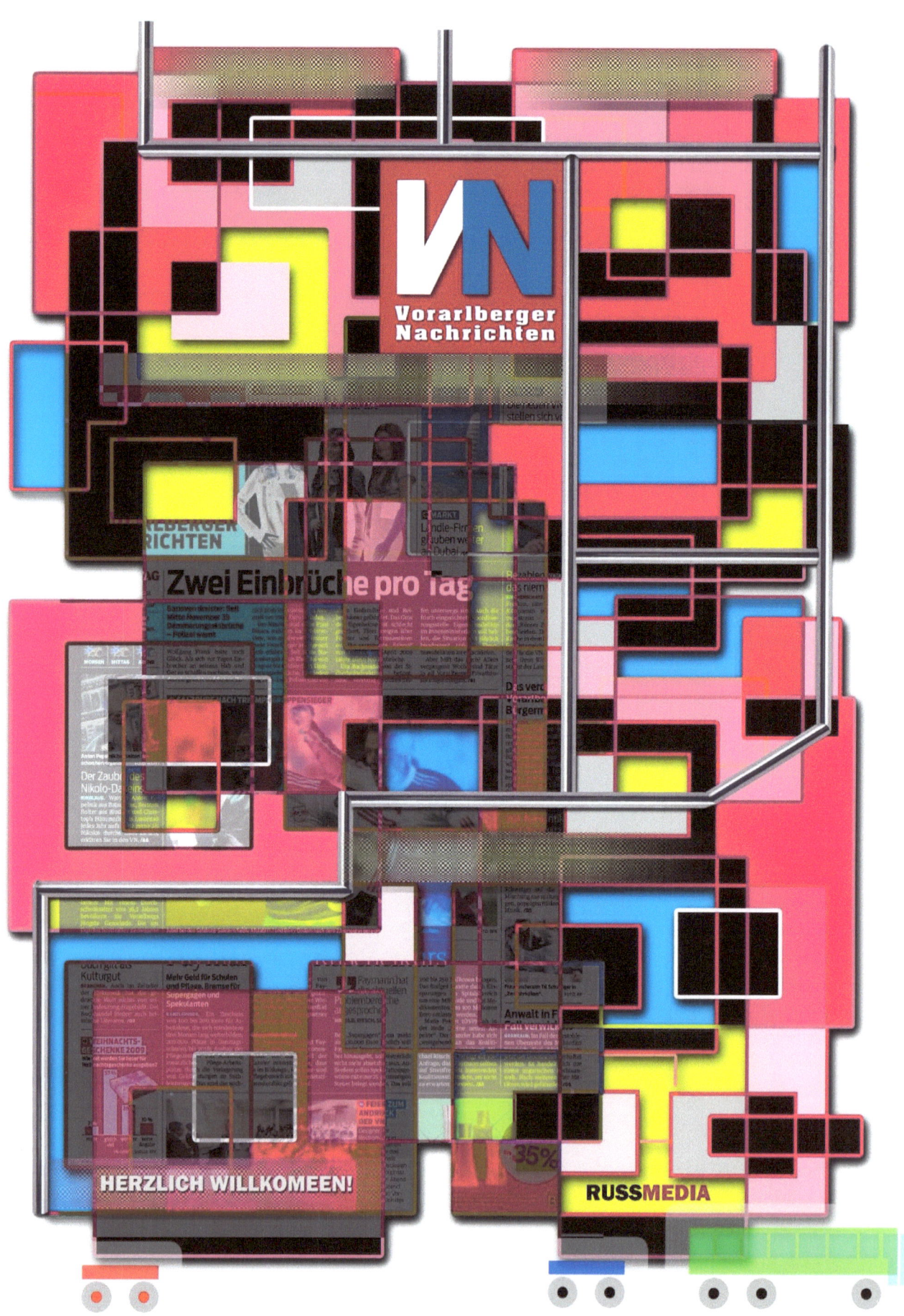

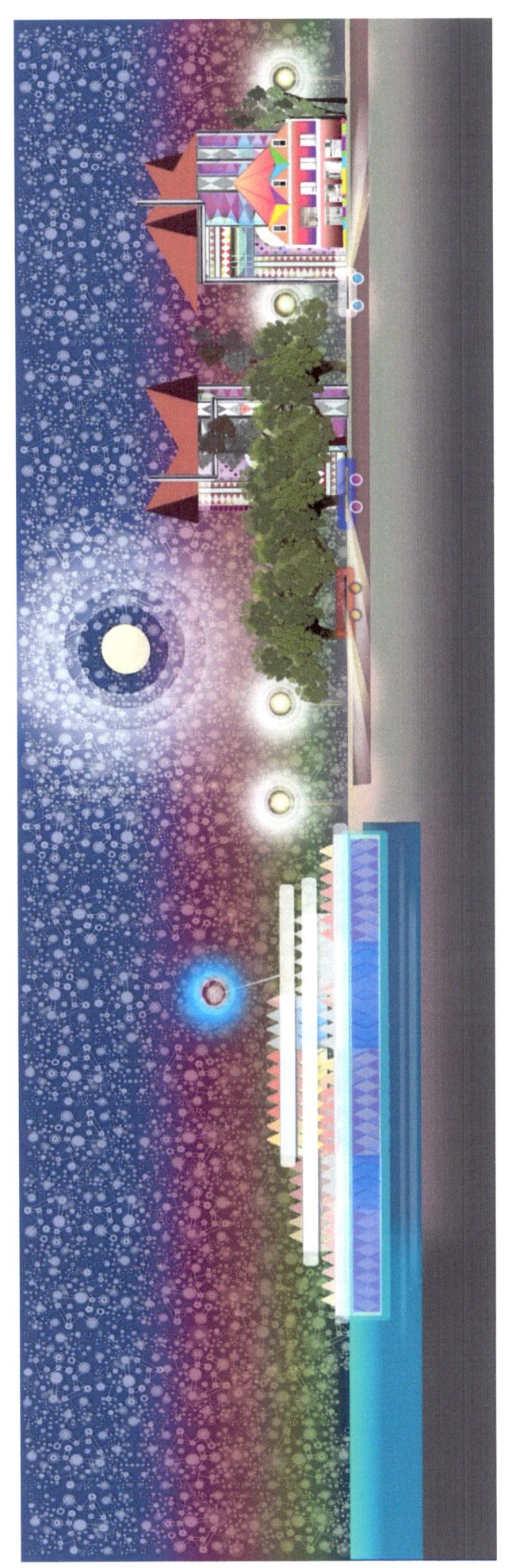

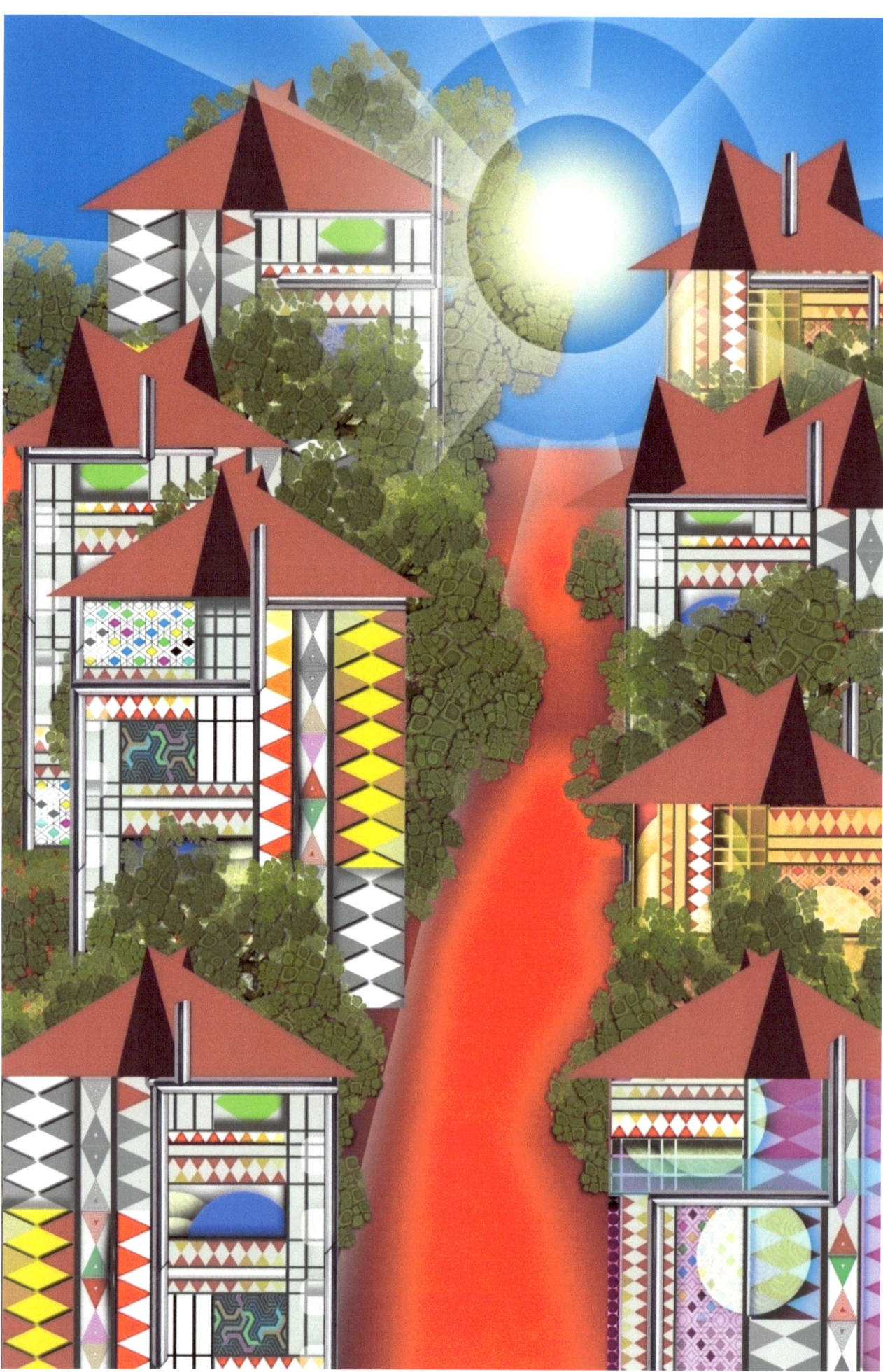

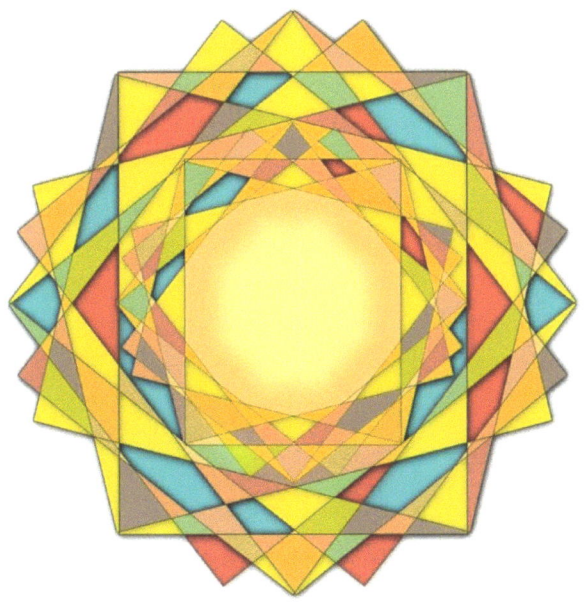

OPERNZEIT

ILUSKYS | 140 cm x 100 cm
ILUSKYS IN DER OPER | 140 cm x 100 cm
IM HAFEN | 140 cm x 100 cm
AM MORGEN AM BODENSEE | 140 cm x 100 cm
NACHMITTAG AM BODENSEE | 140 cm x 100 cm

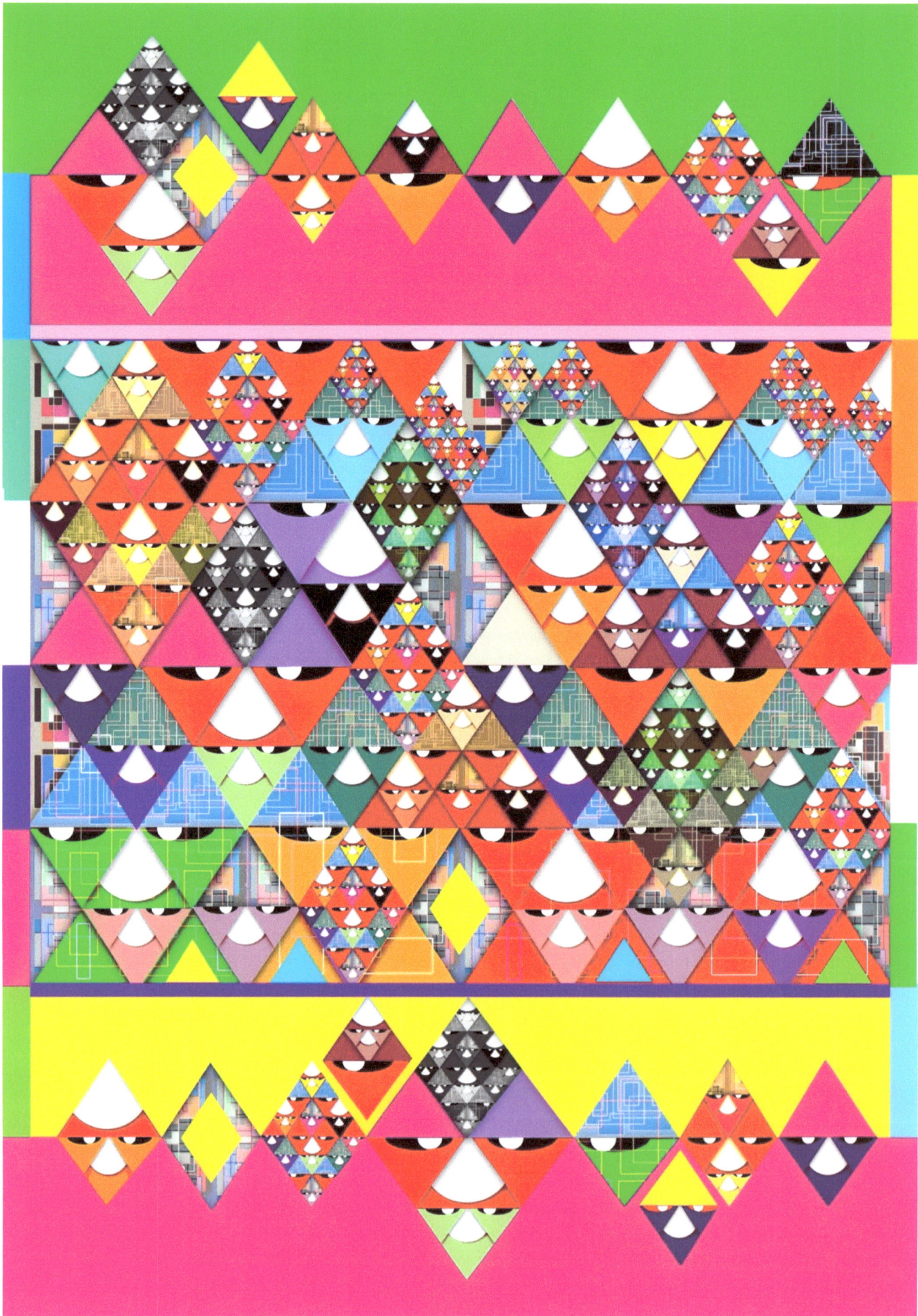

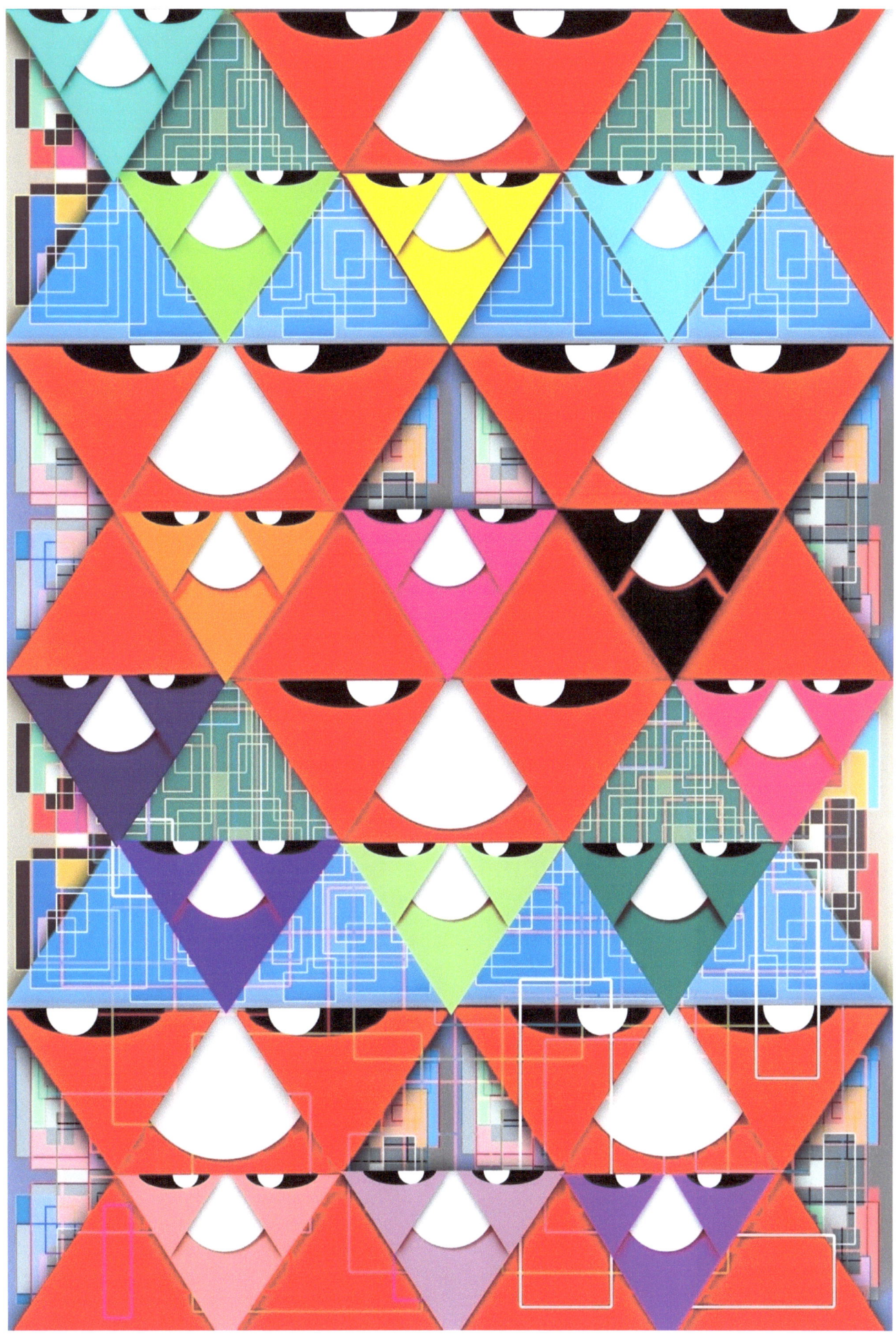

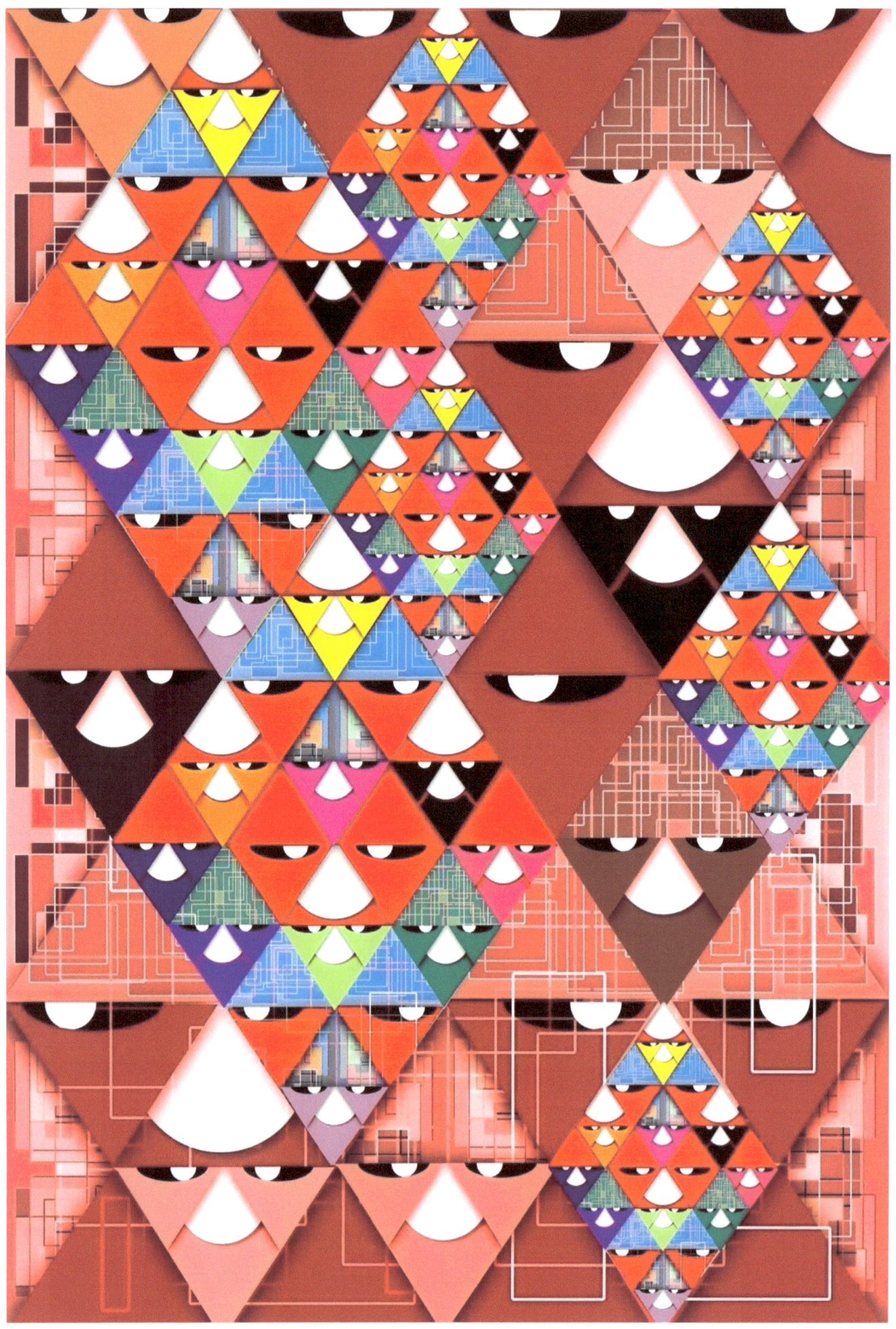

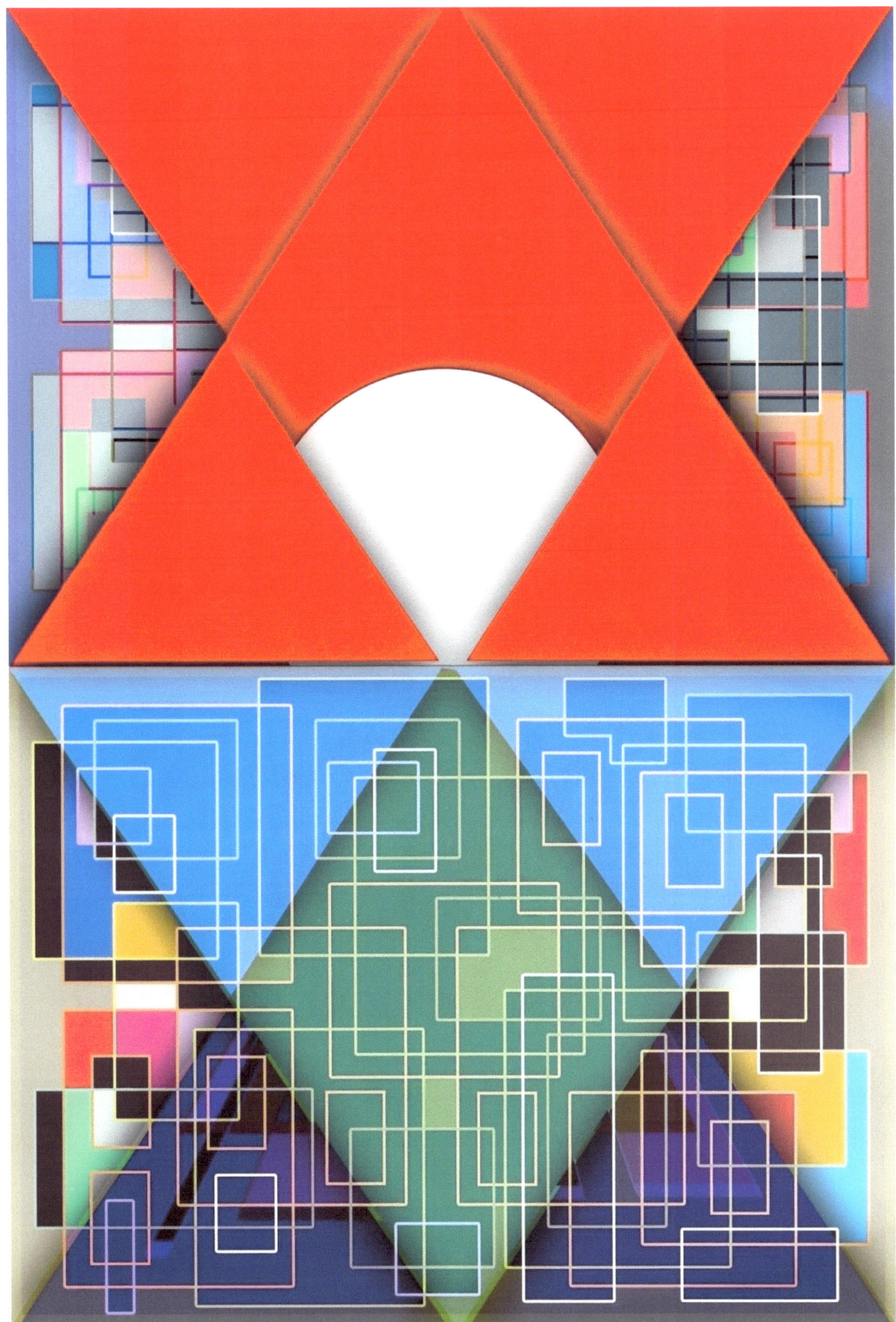

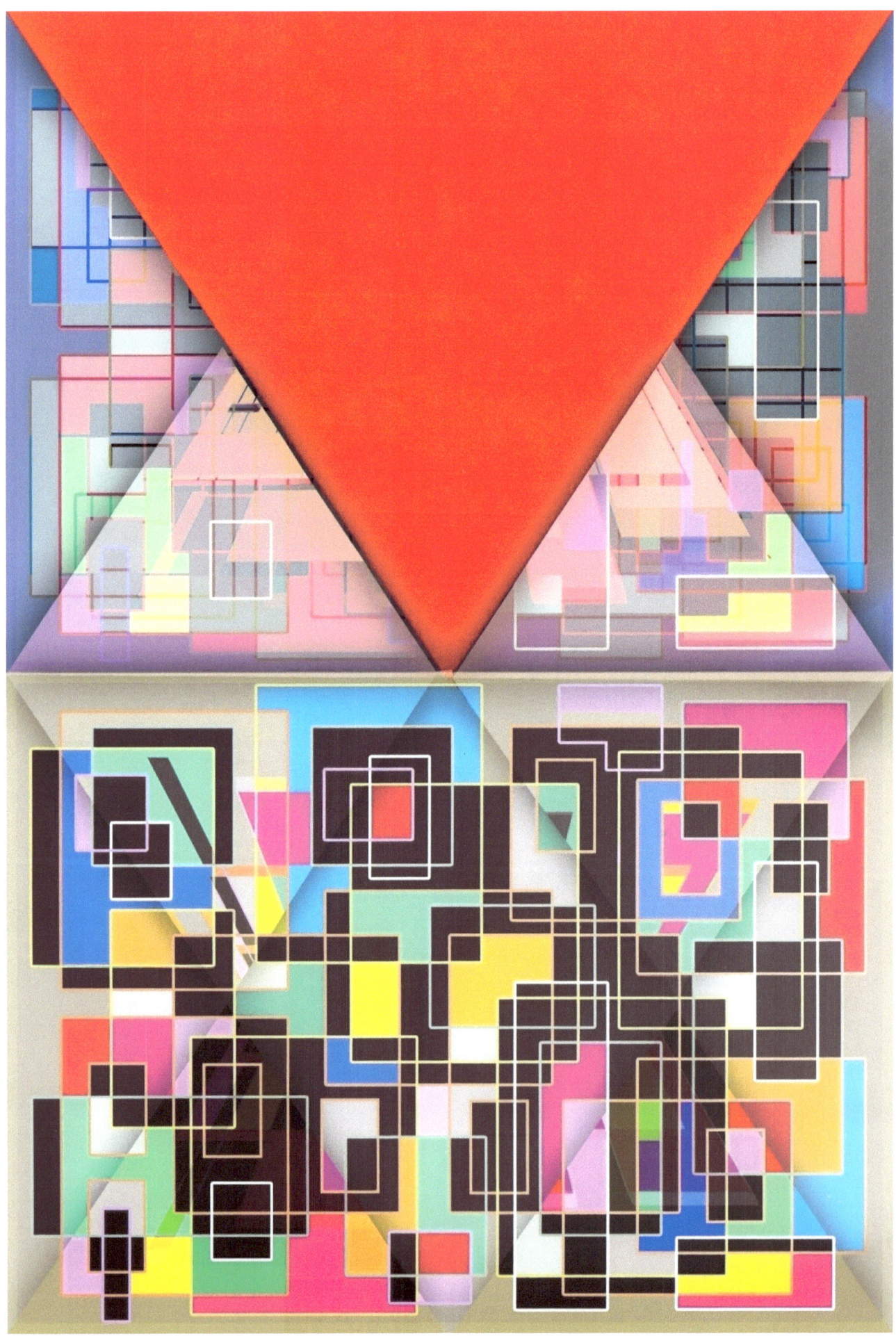

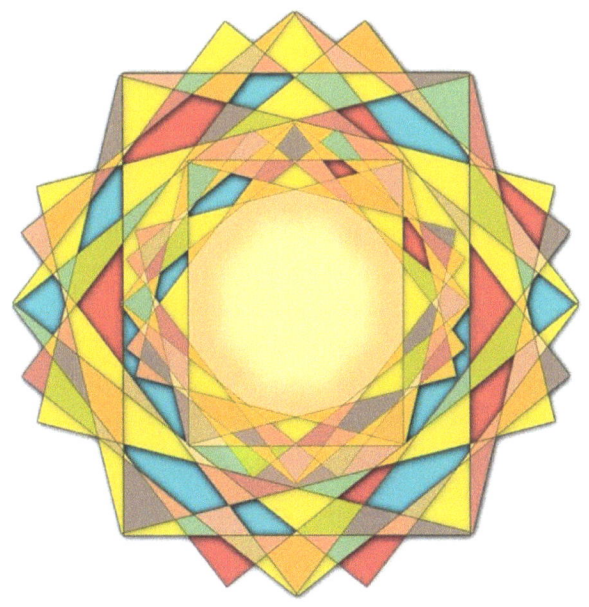

HÖRBRANZ

BAUM VON HÖRBRANZ | 140 cm x 100 cm
ALEXANDERS WUNDERLAND | 140 cm x 100 cm
HUNDE | 140 cm x 100 cm

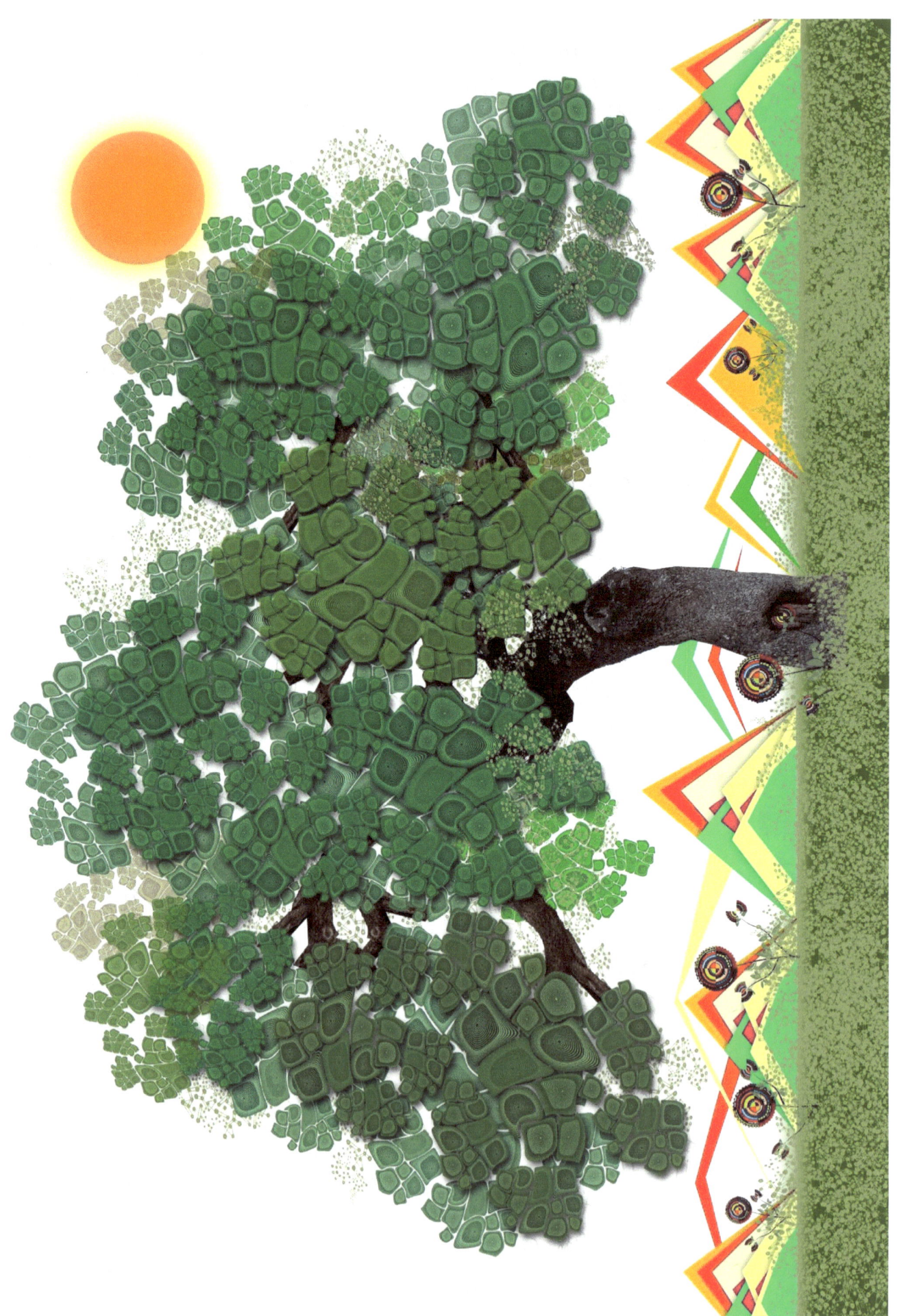

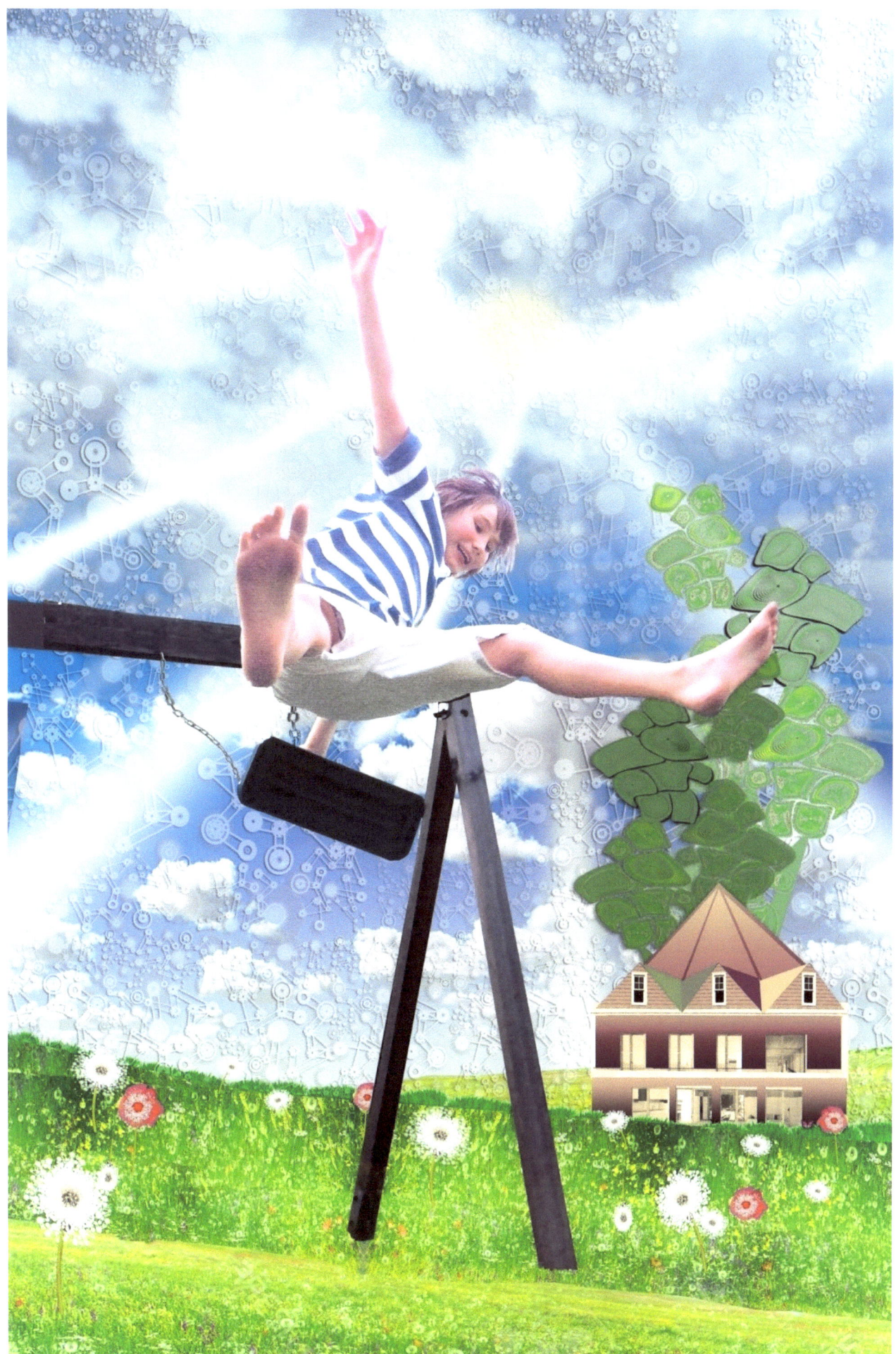

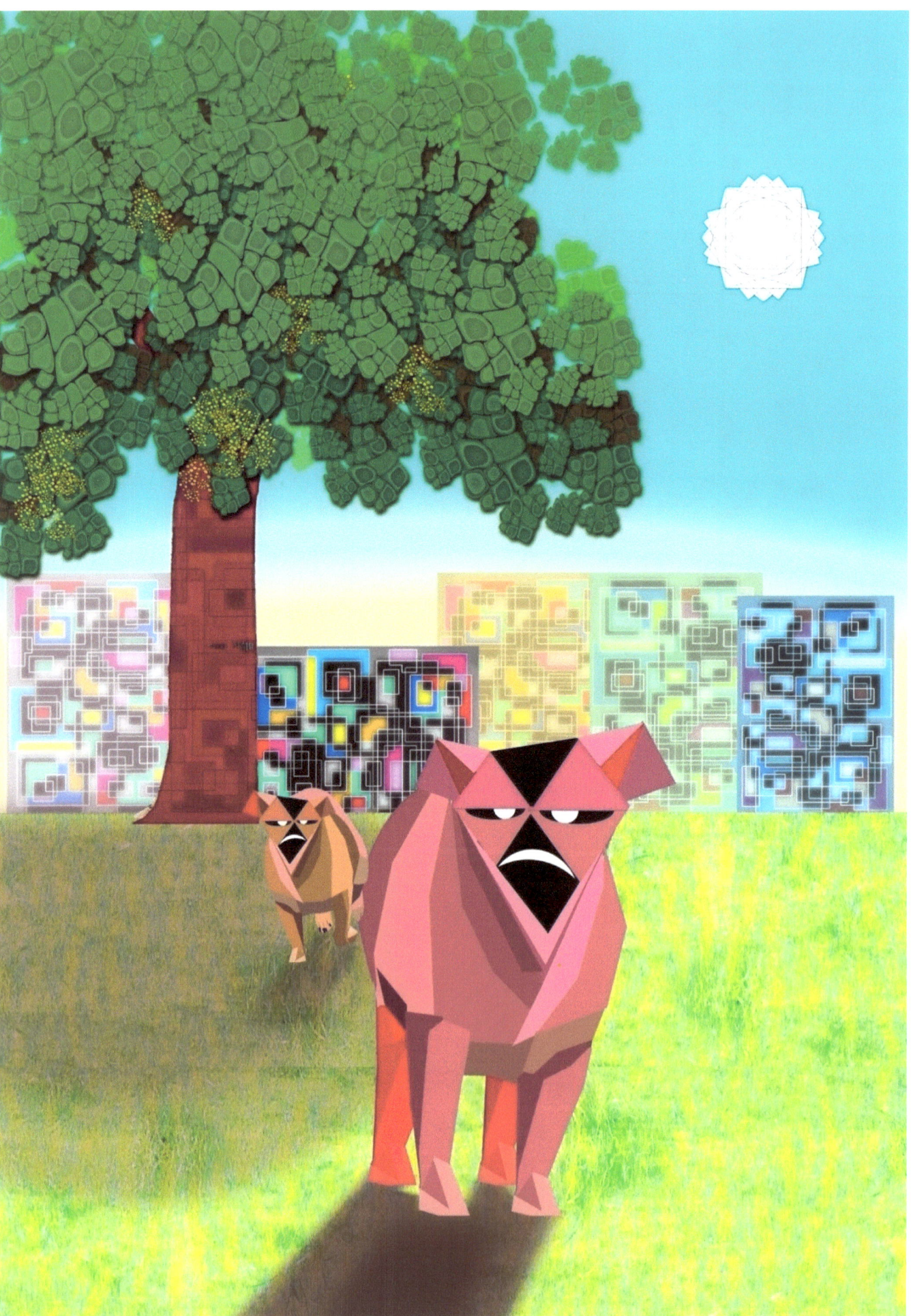

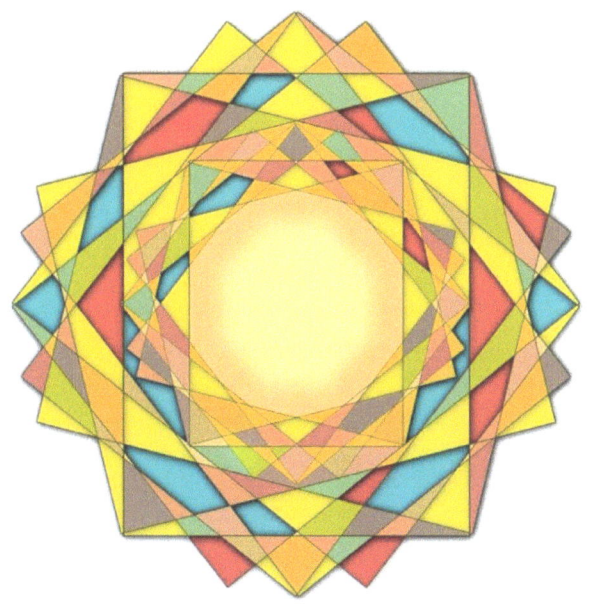

MEERSBURG

MEERSBURG BODENSEE | 140 cm x 100 cm
MUSIK UND GLÜCK IM SEE | 100 cm x 70 cm

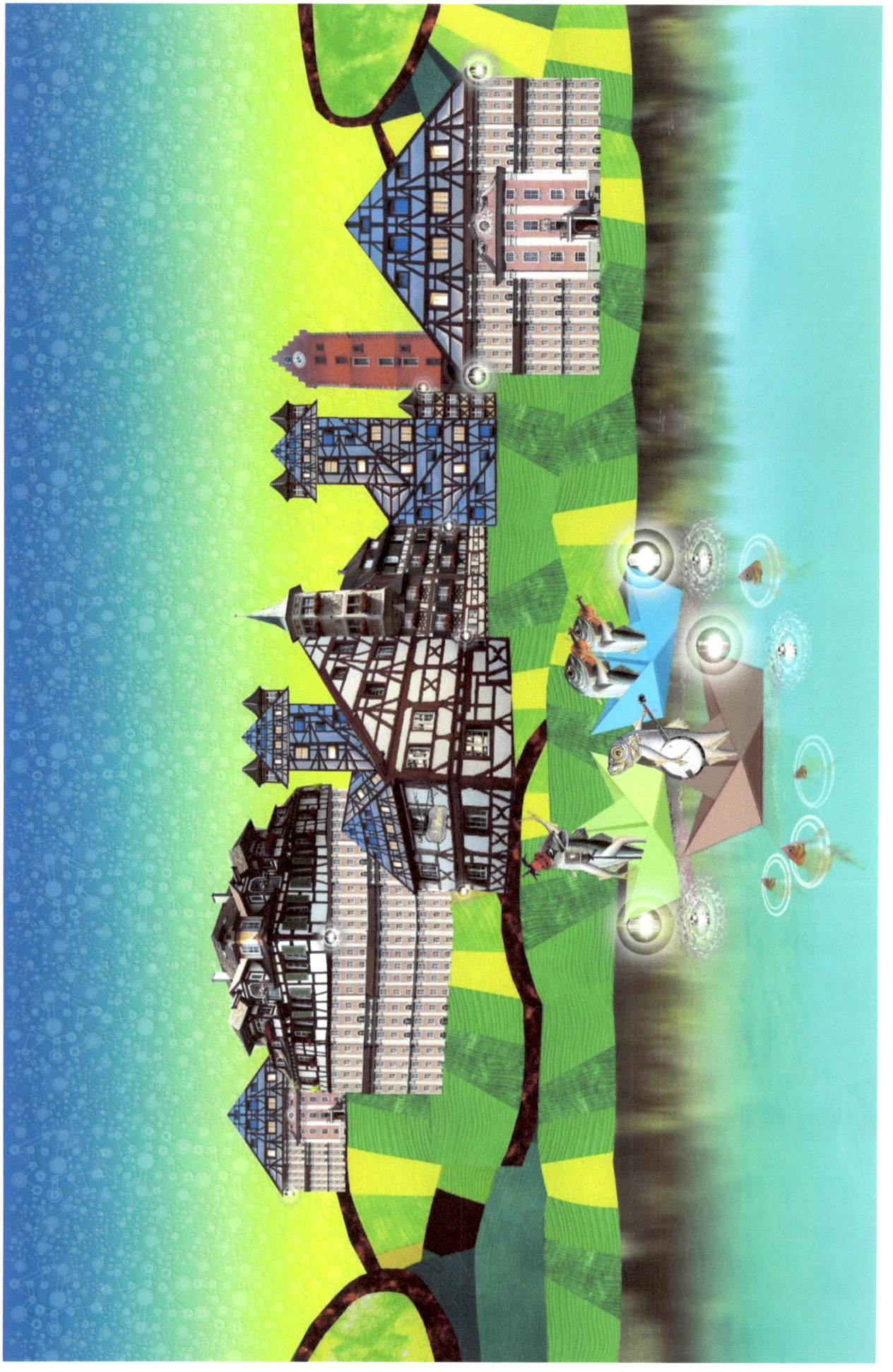

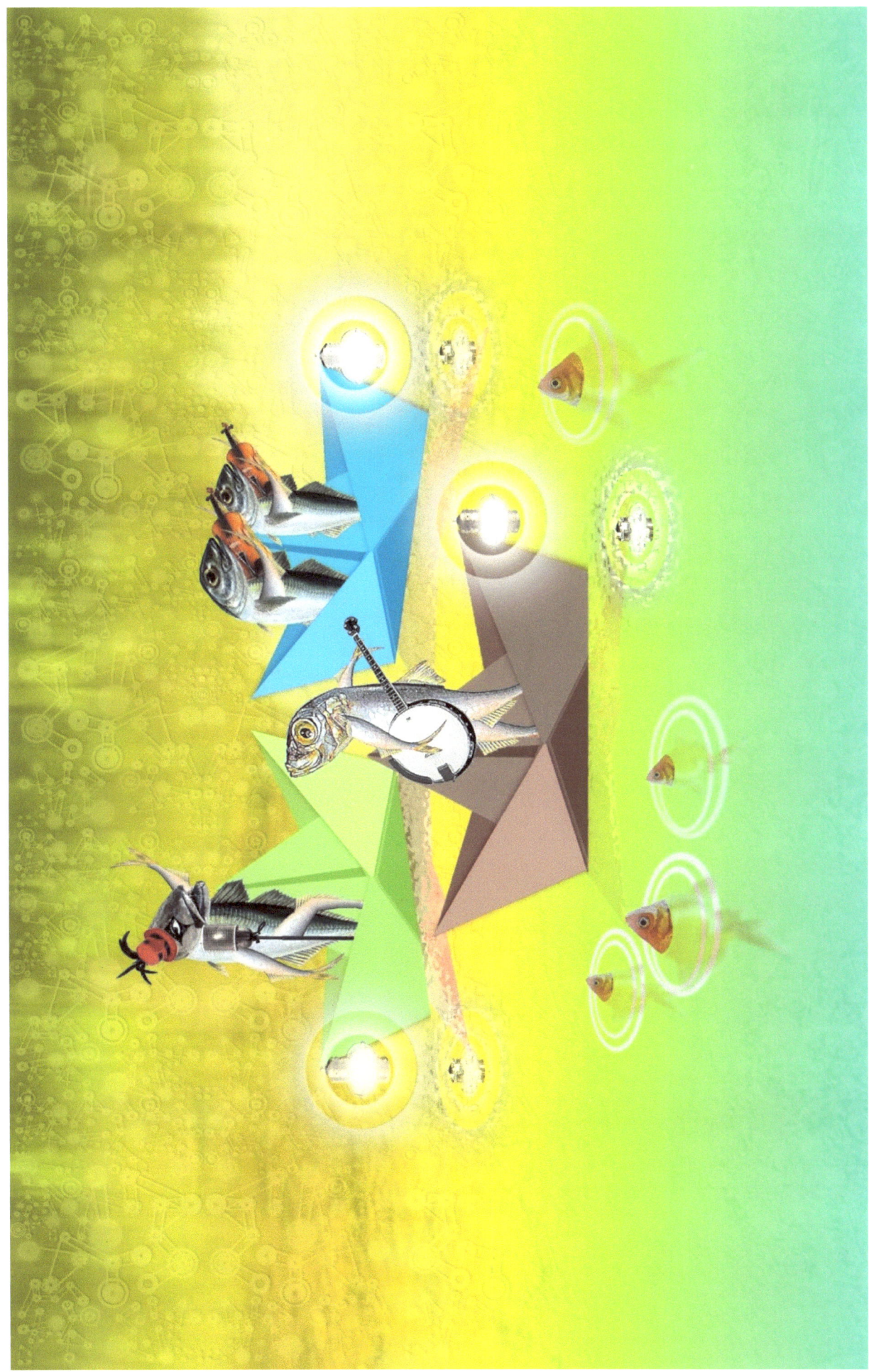

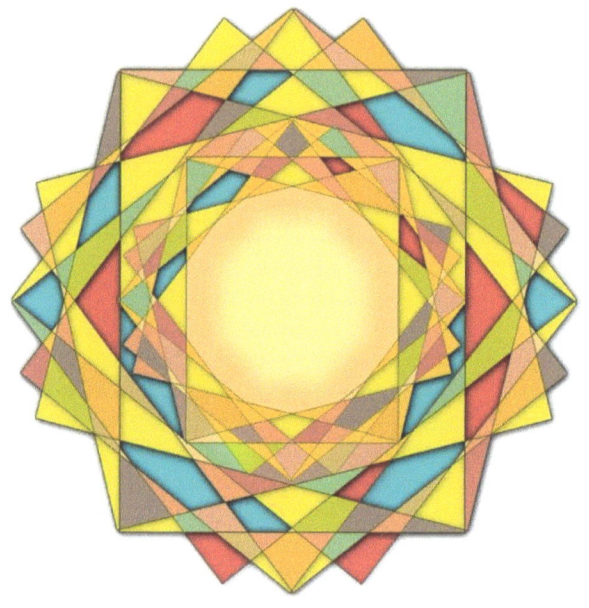

LINDAU

LINDAU | 140 cm x 100 cm
LINDAU LEUCHTTURM | 100 cm x 70 cm

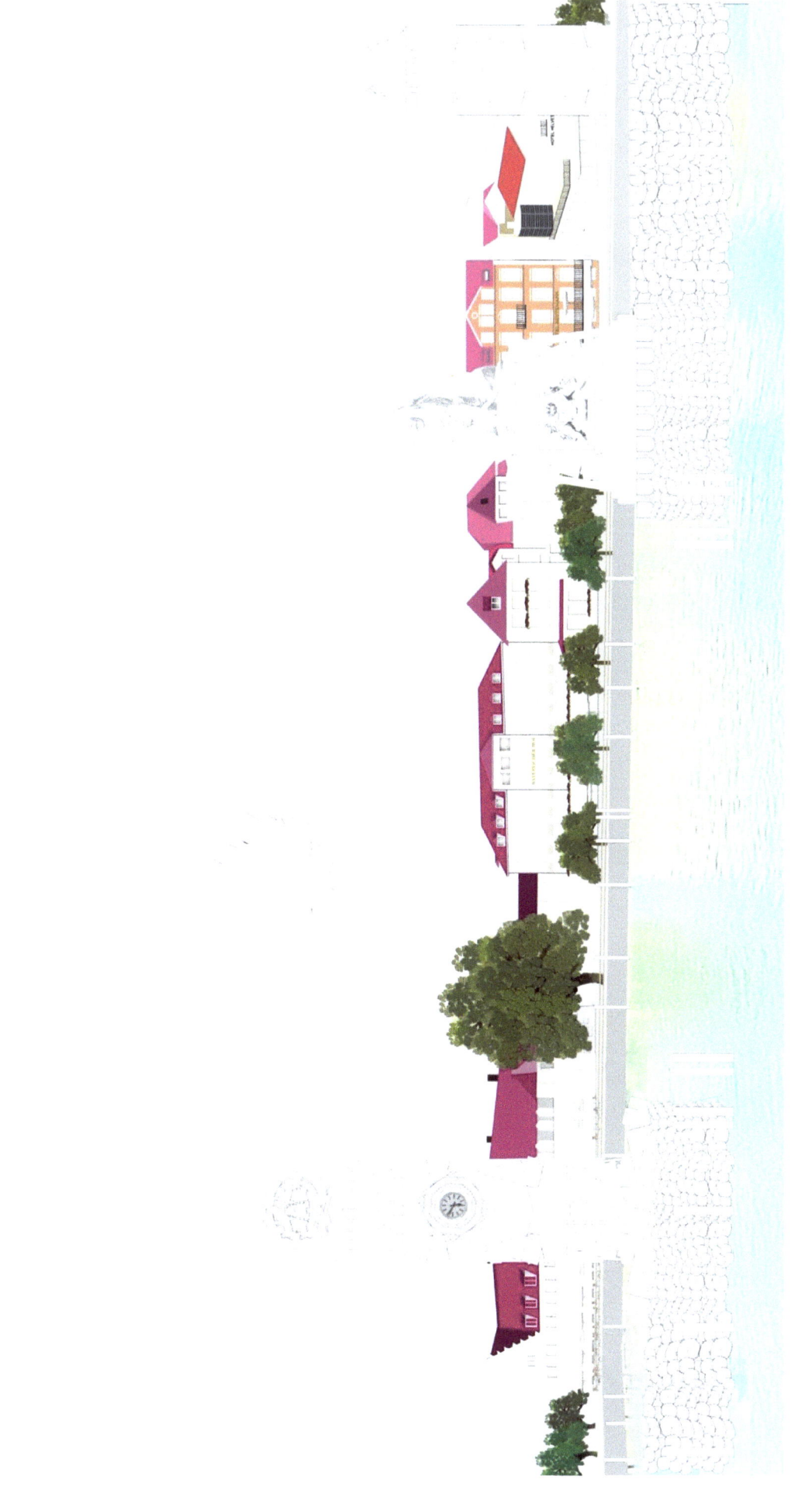

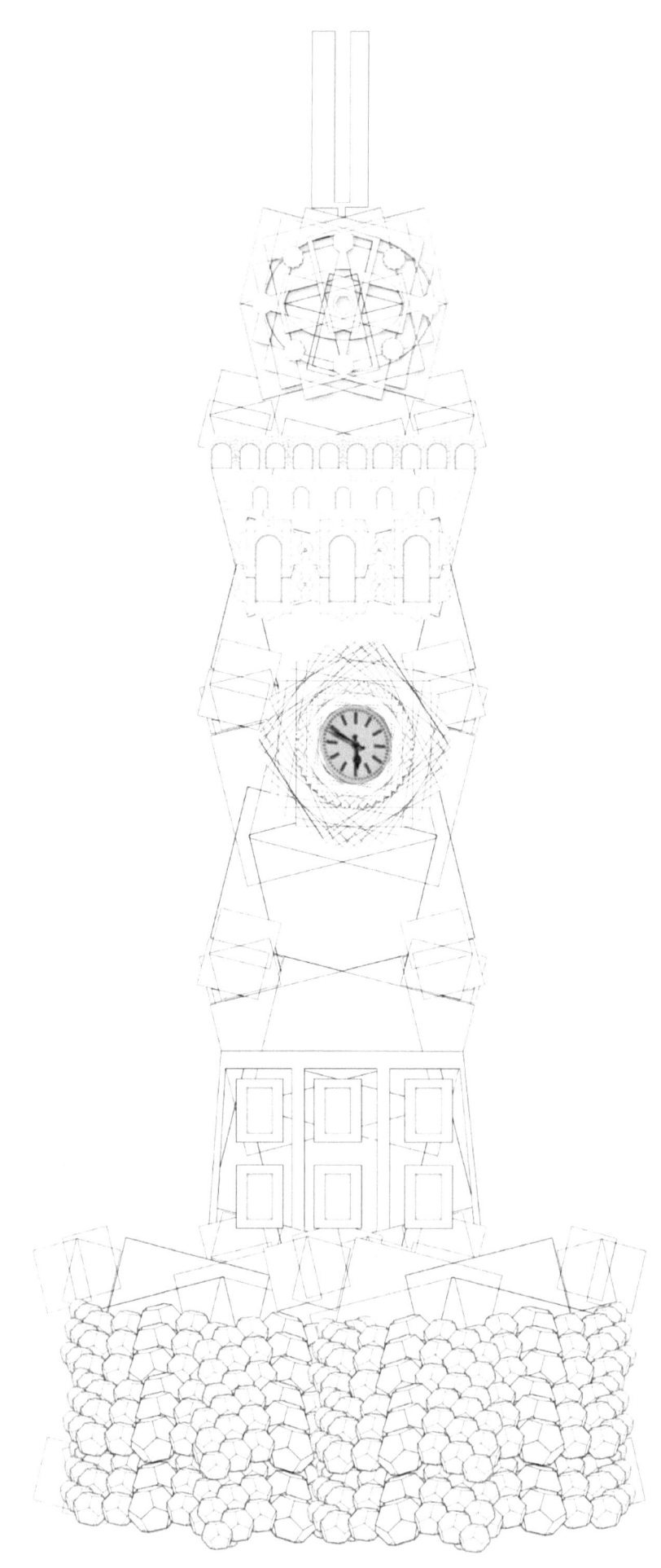

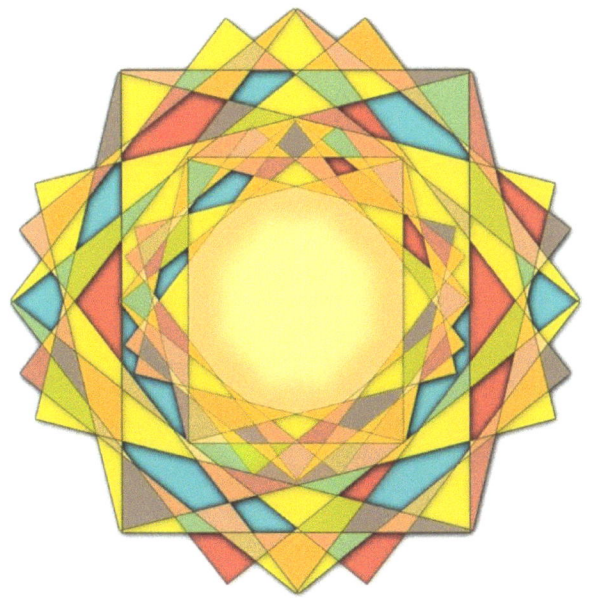

KONSTANZ

IMPERIA UND LEUCHTTURM VON KONSTANZ | 140 cm X 100 cm
LEUCHTTURM VON KONSTANZ | 100 cm x 70 cm
SKATERS | 140 cm x 100 cm
SKATER | 100 cm x 70 cm

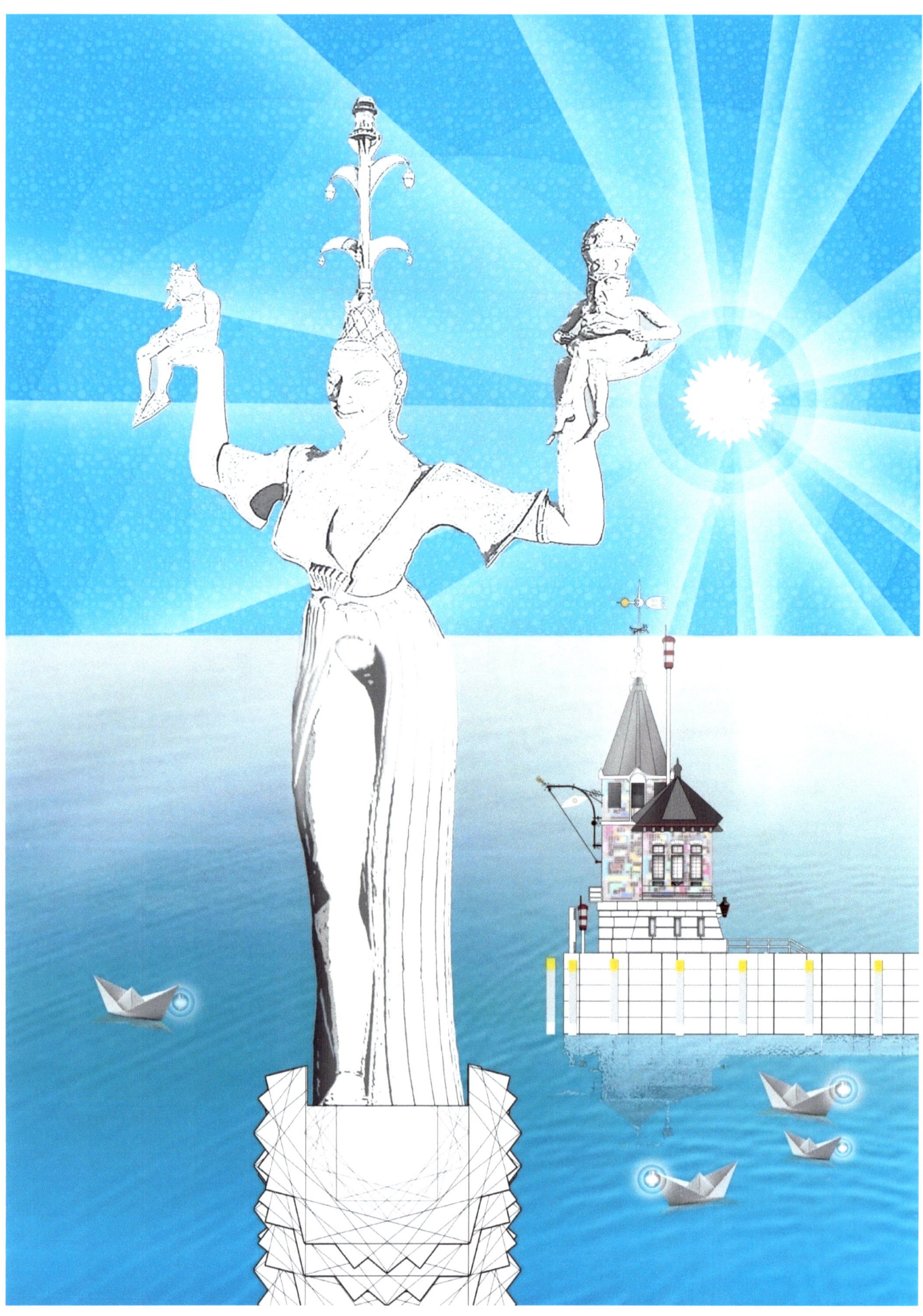

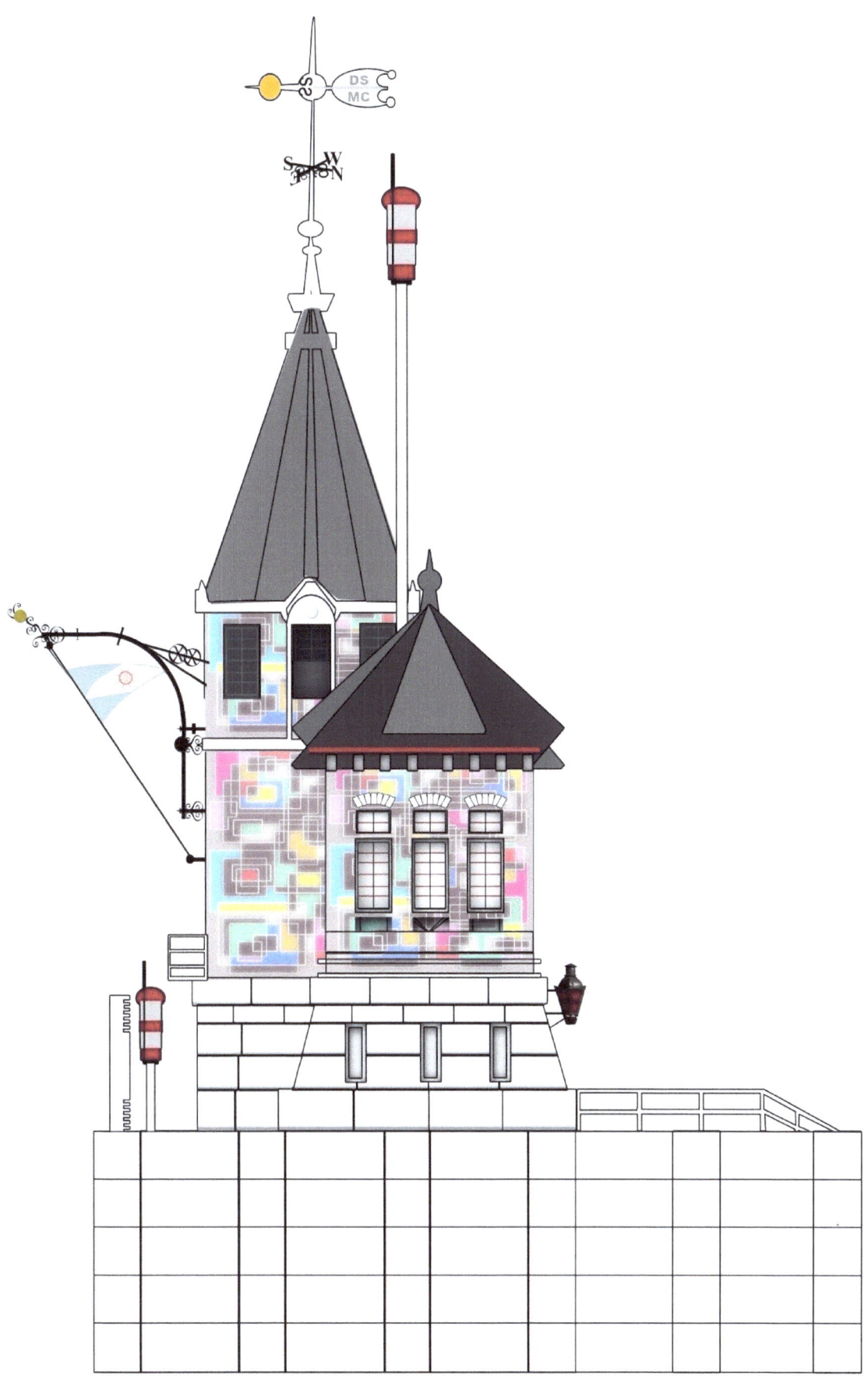

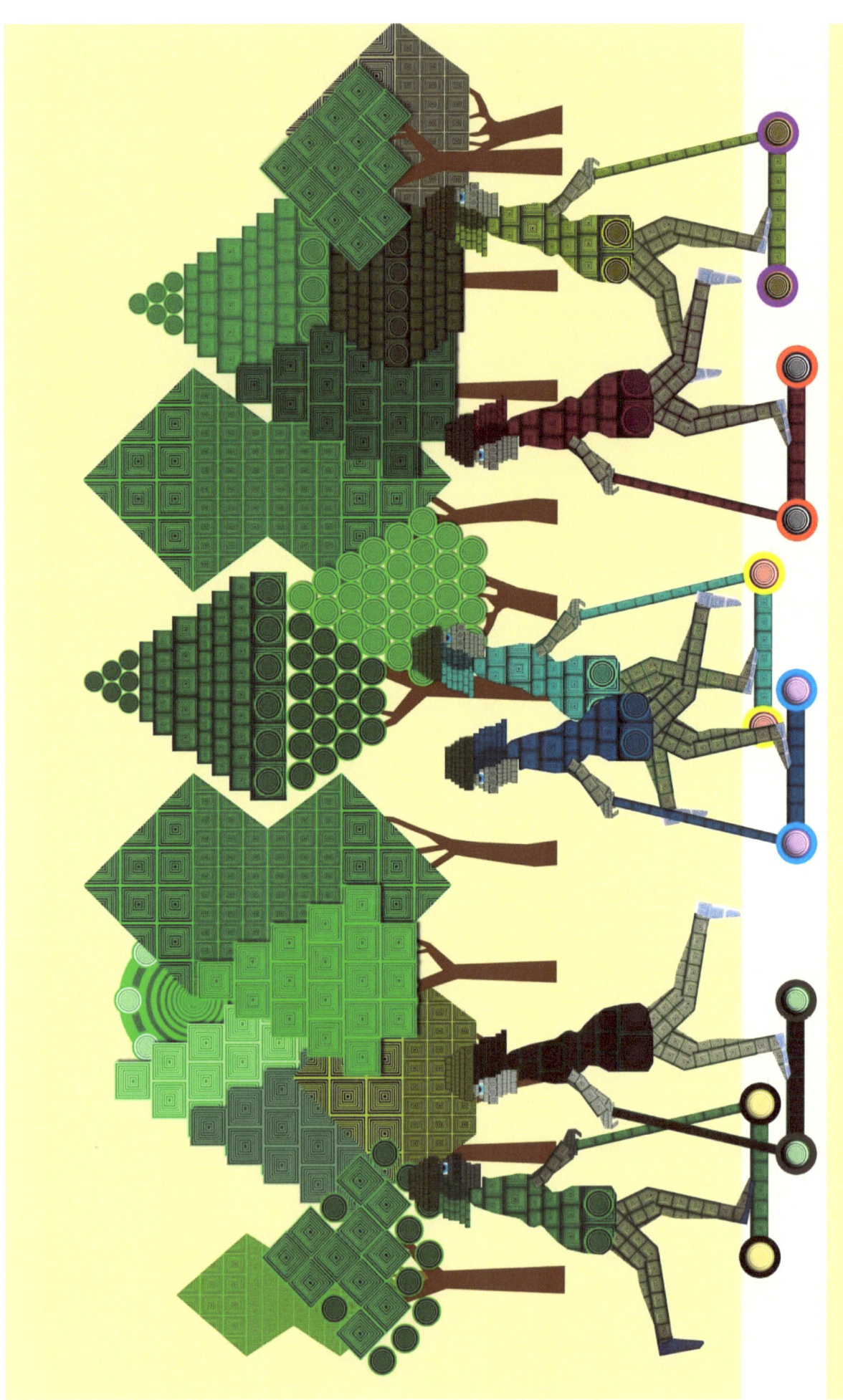

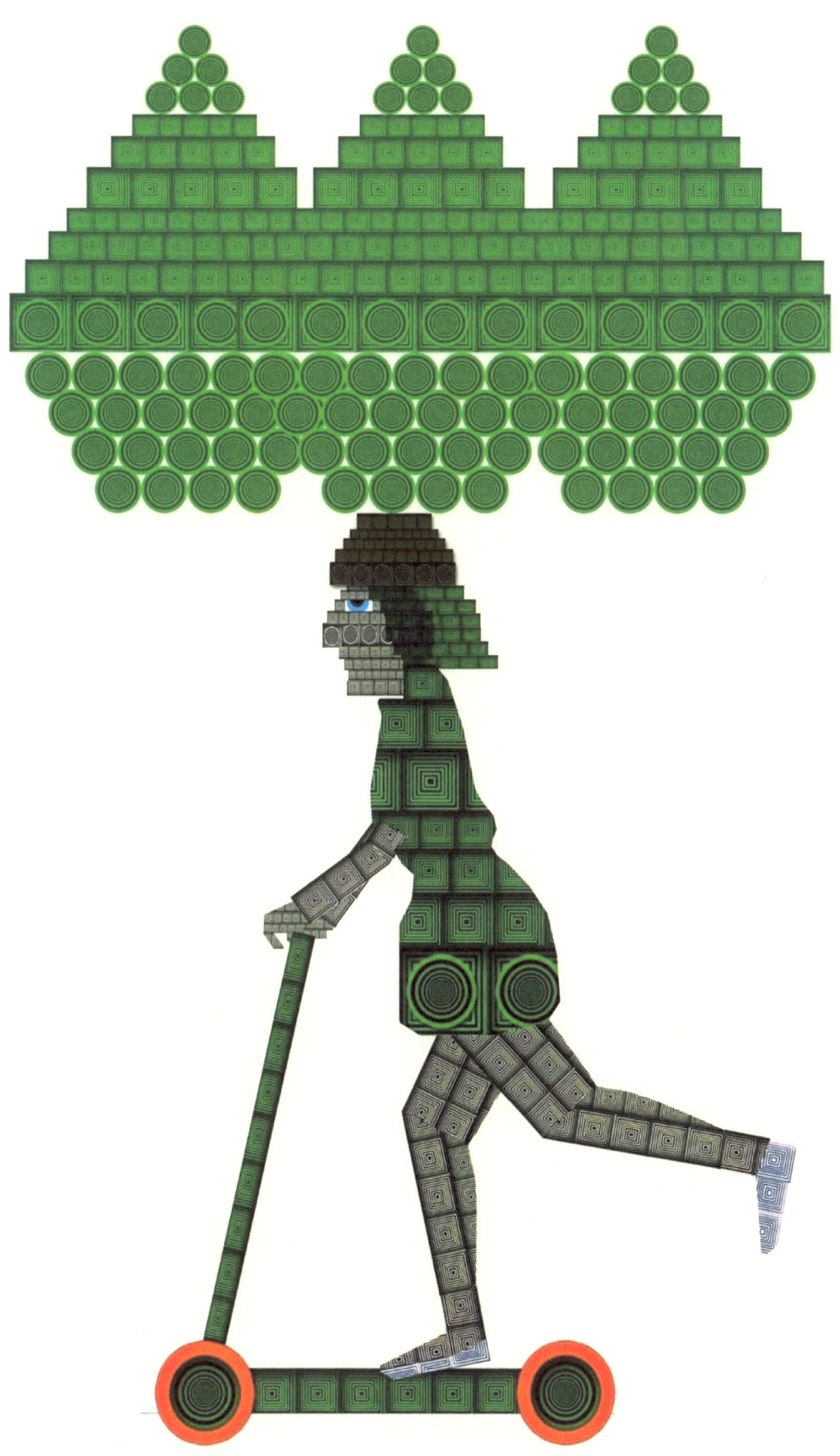

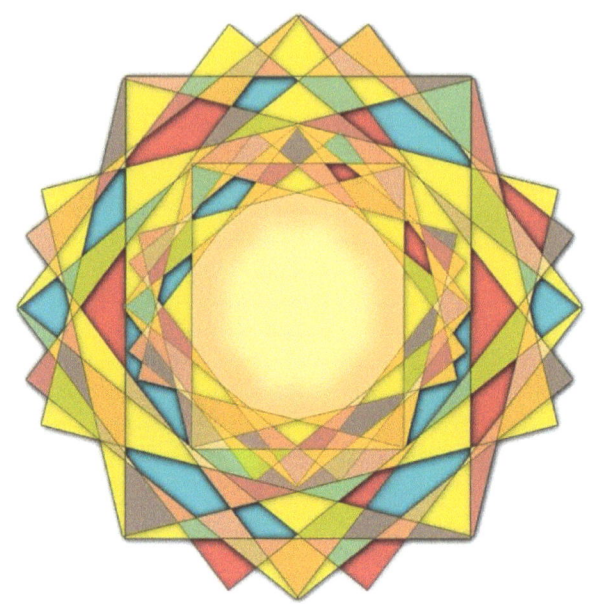

ST. GALLEN

ST. GALLEN | 140 cm x 100 cm
MALL | 140 cm x 100 cm
IN DER NACHT | 100 cm x 100 cm

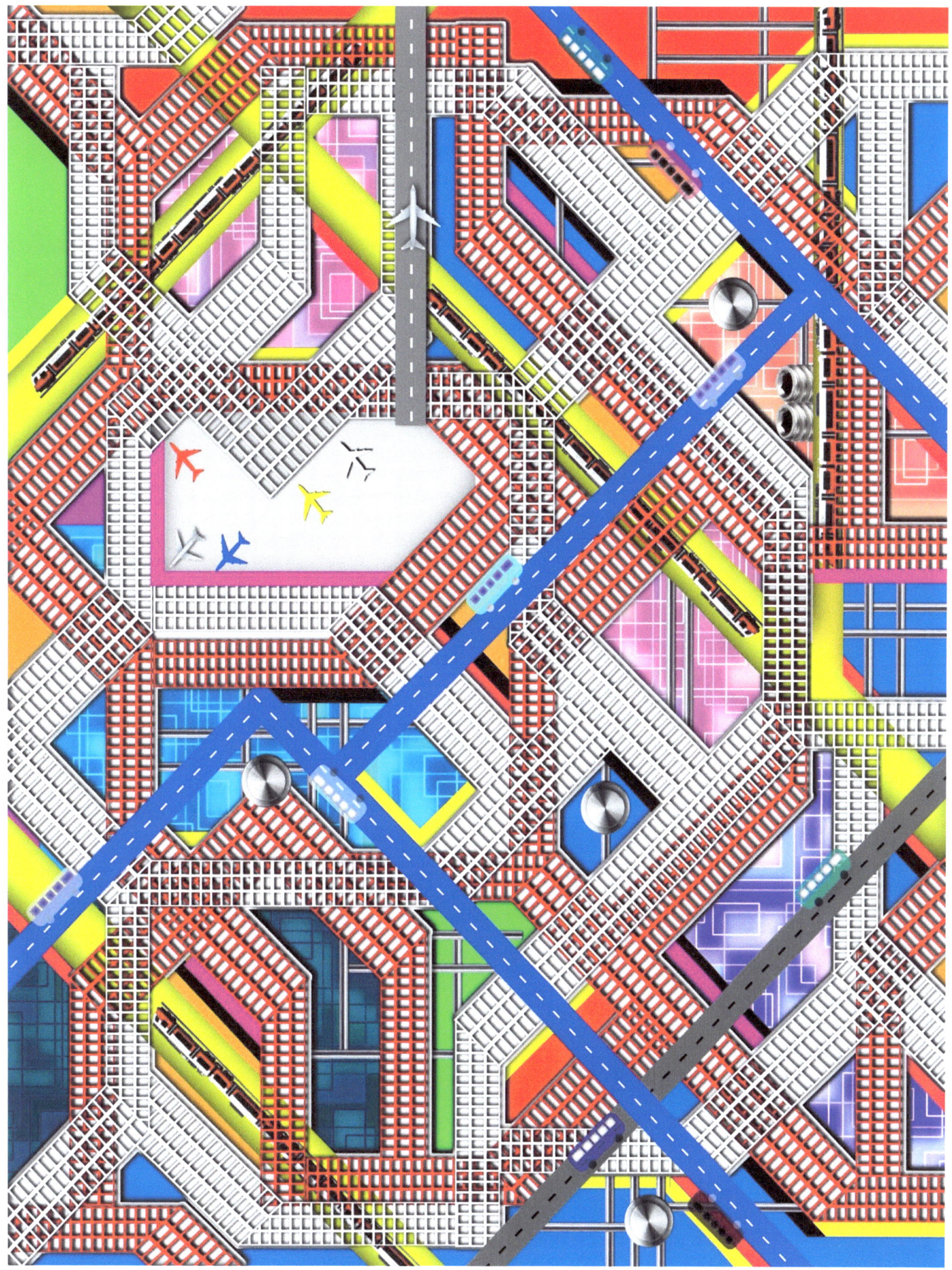

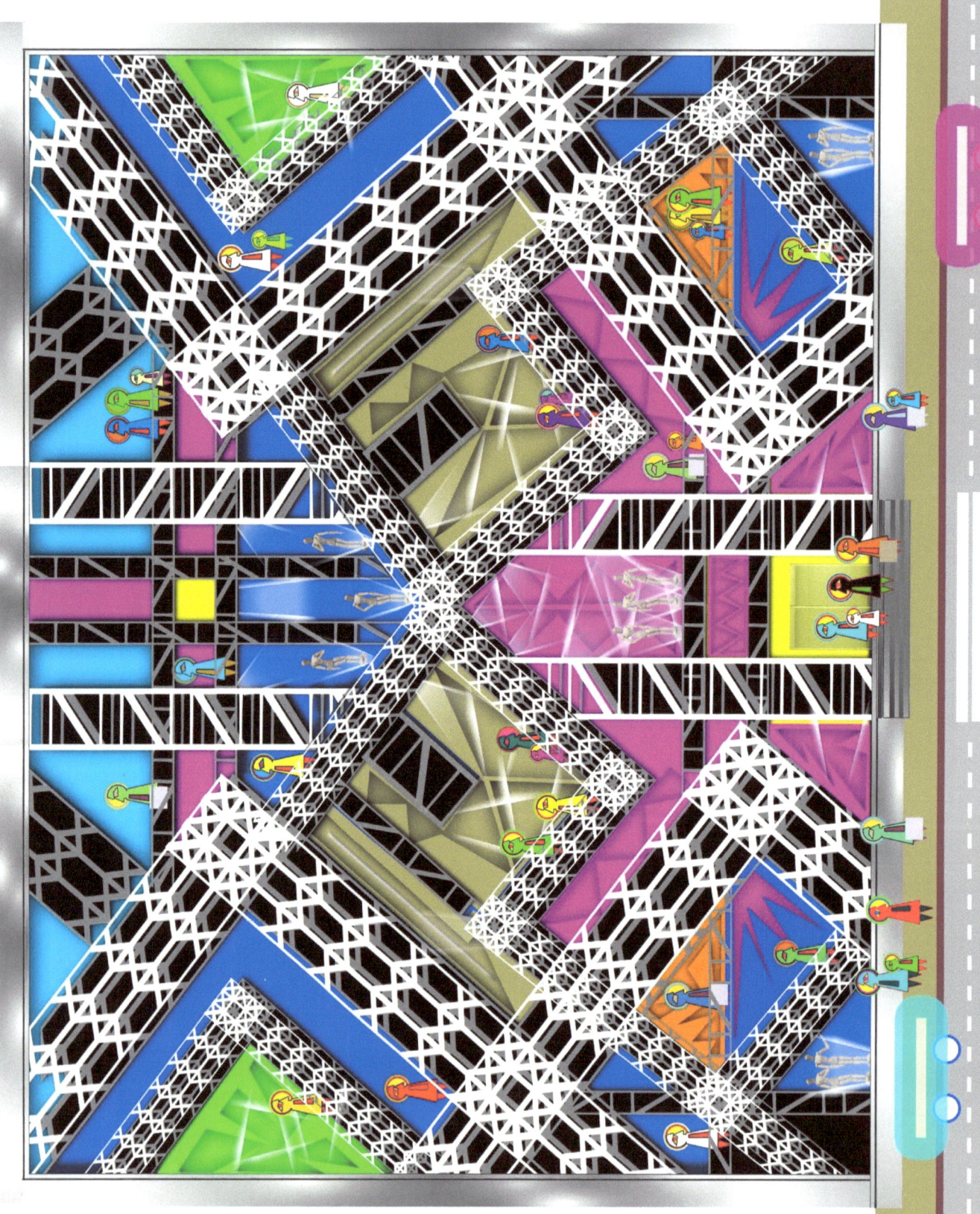

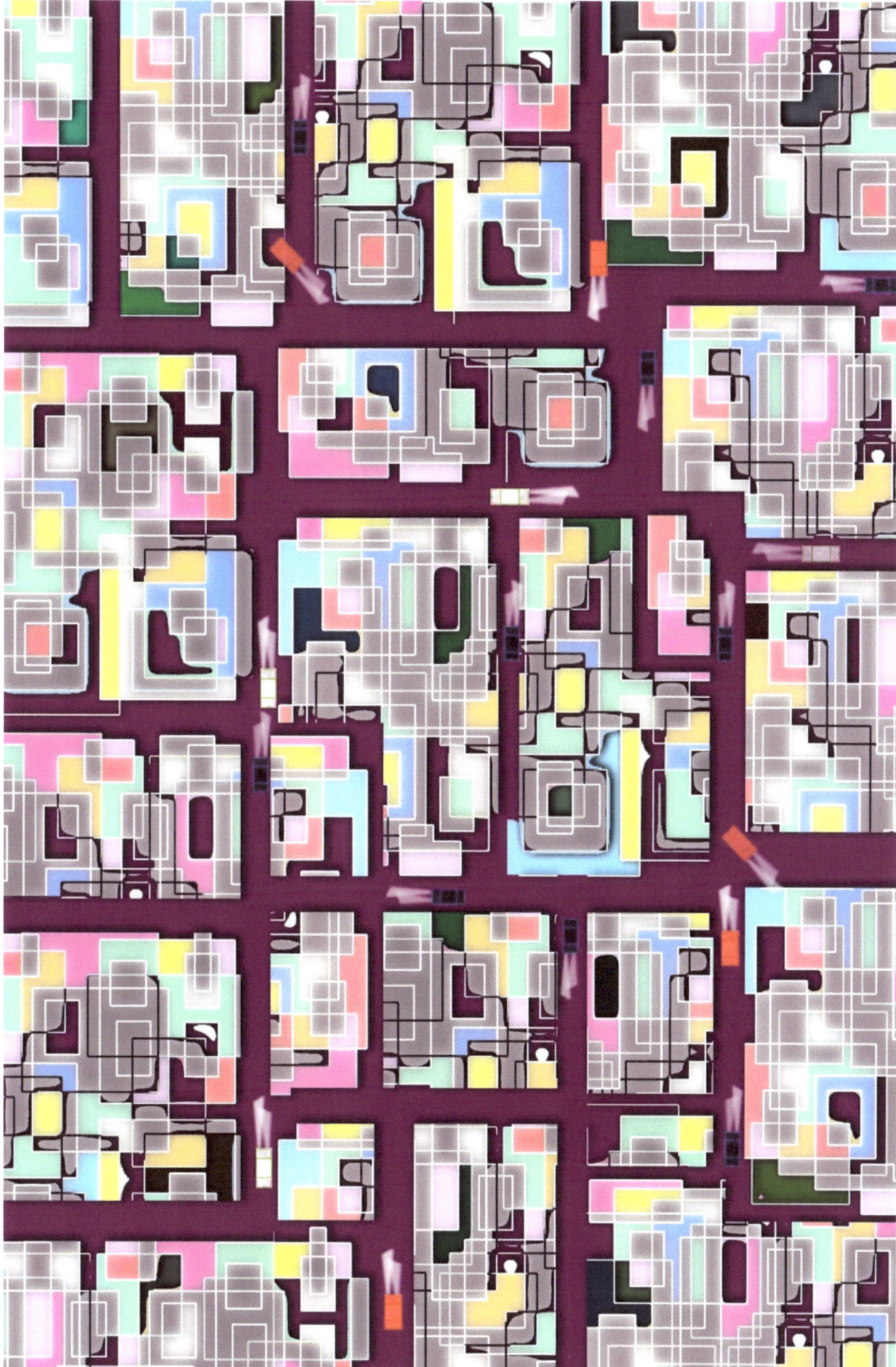

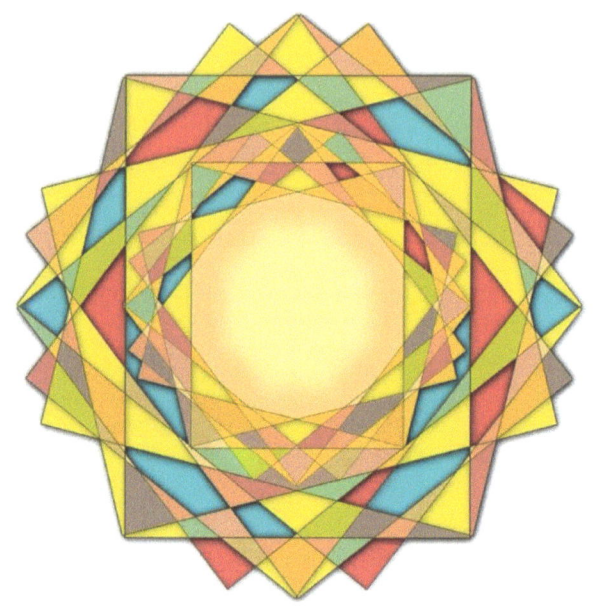

FRIEDRICHSHAFEN

TURM ST. NIKOLAUS-KIRCHE | 140 cm x 100 cm
FRIEDRICHSHAFEN | 140 cm x 100 cm
LUFTSCHIFFÜHRER | 100 cm x 70 cm
HUGO EKNER | 100 cm x 70 cm
FERDINAND VON ZEPPELIN | 100 cm x 70 cm

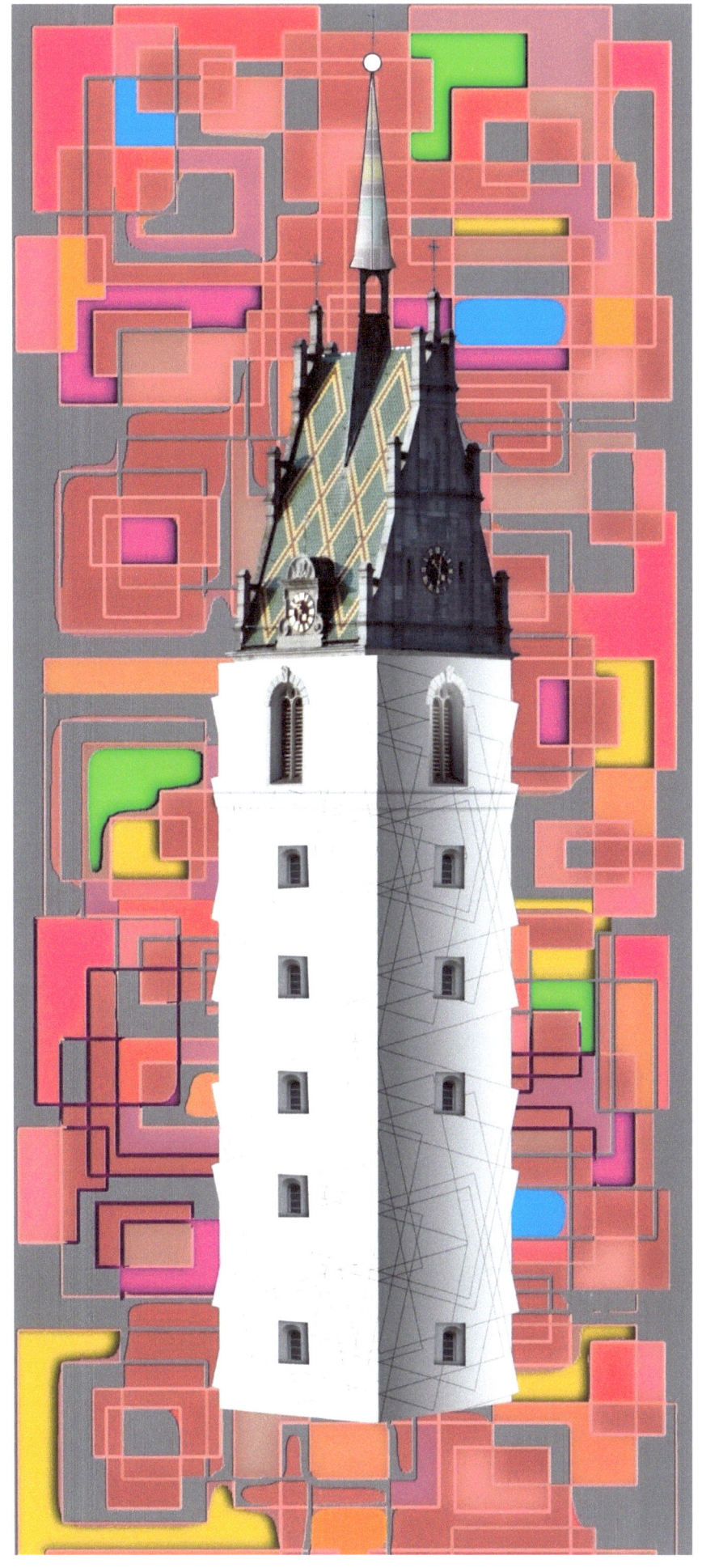

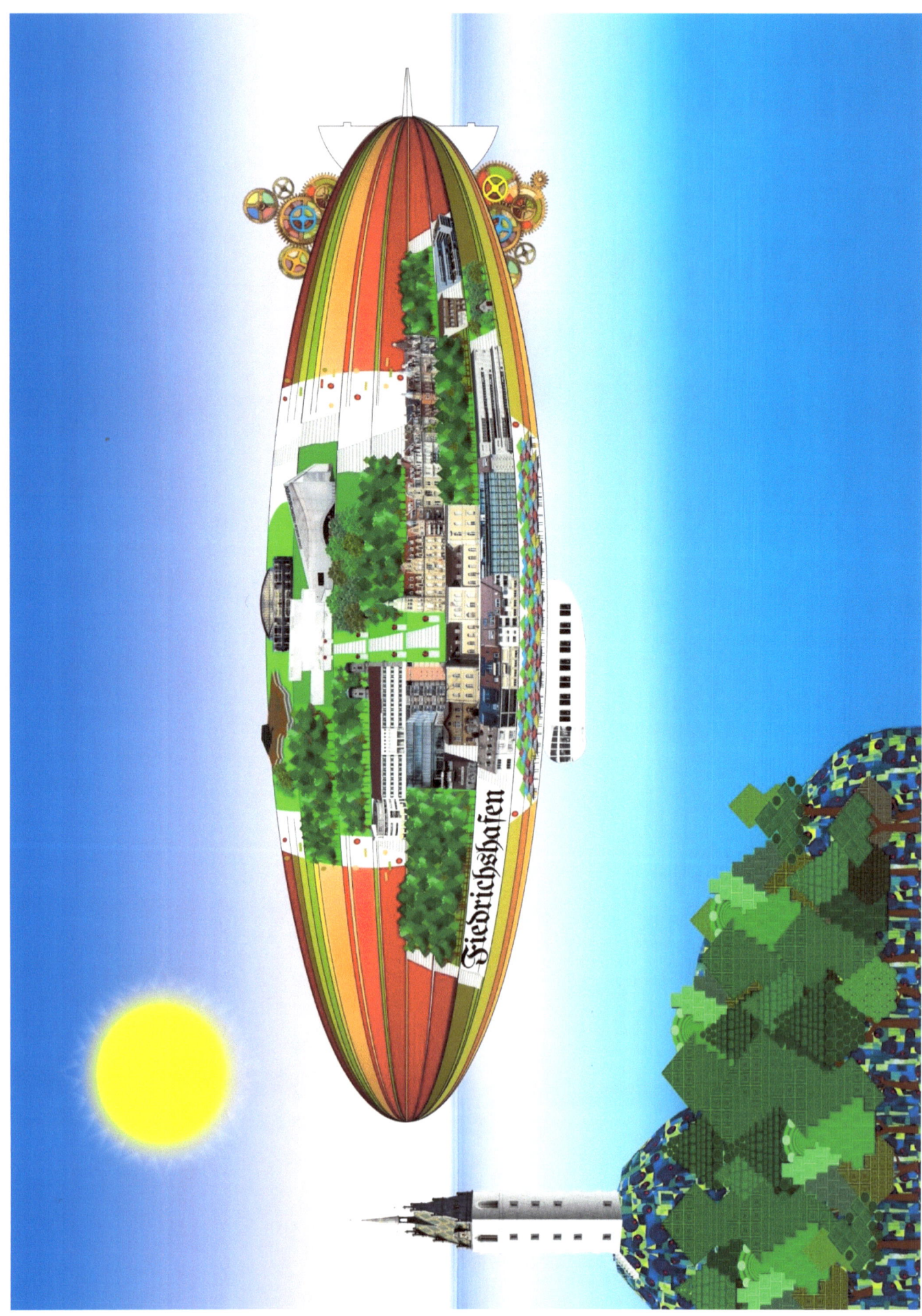

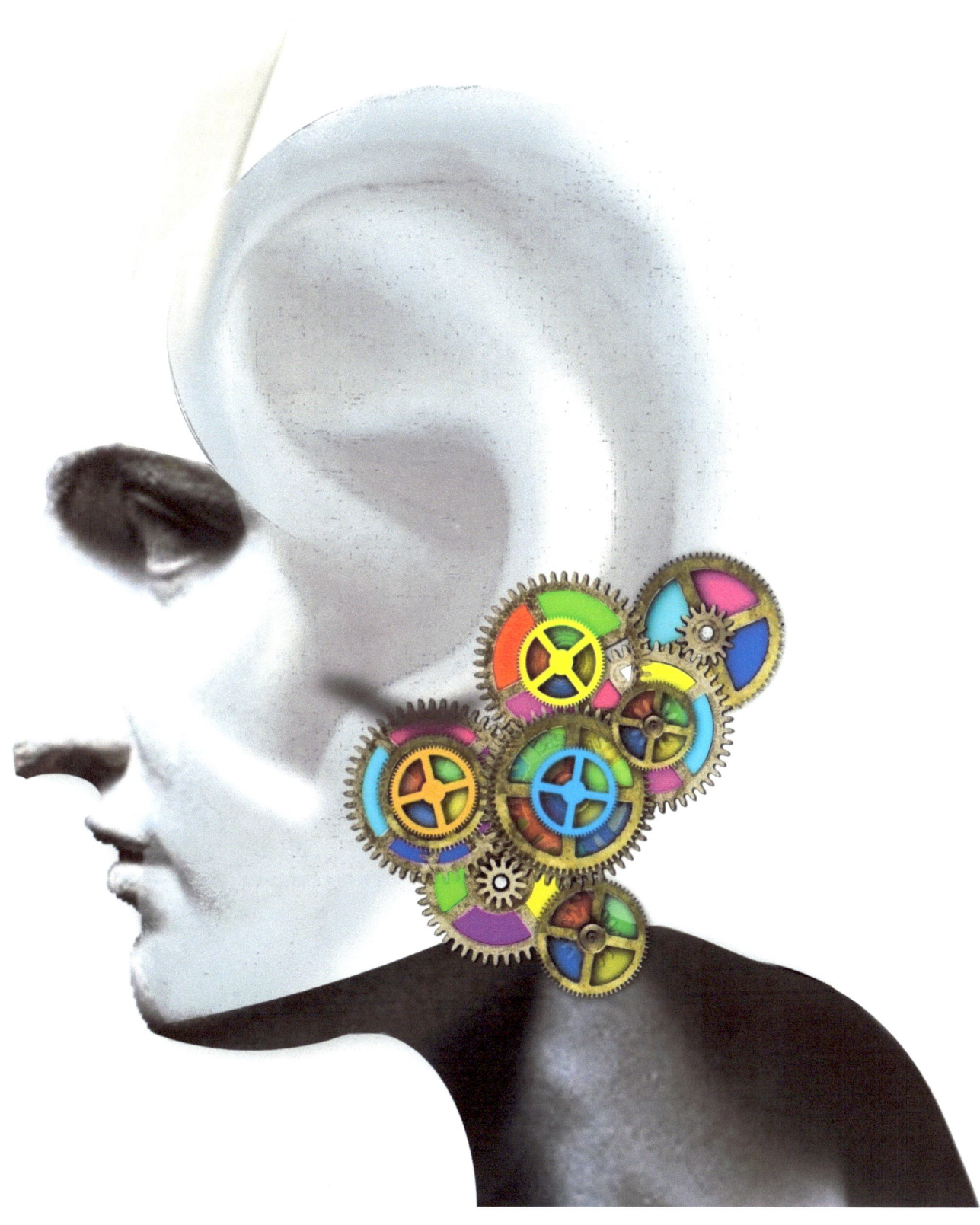

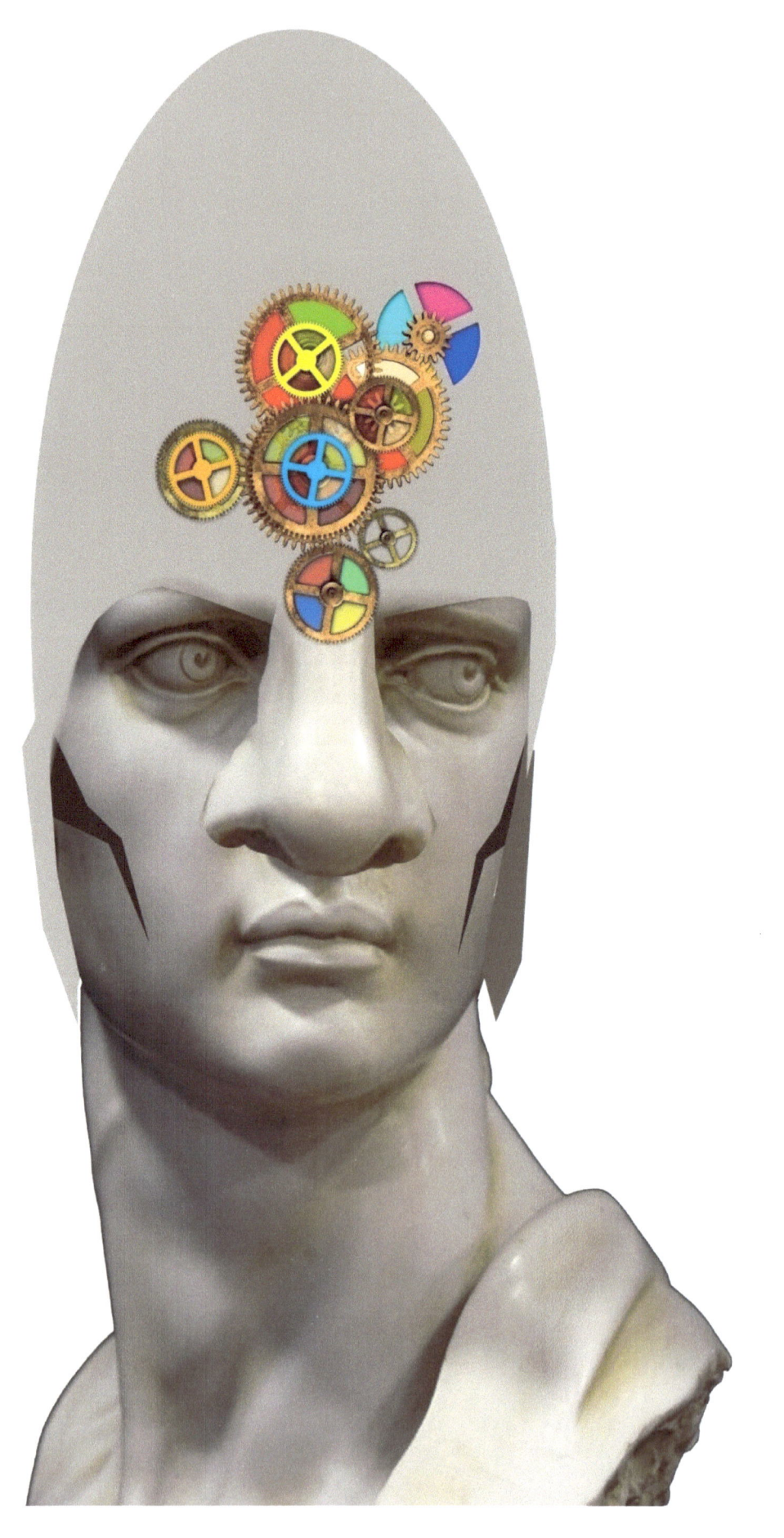

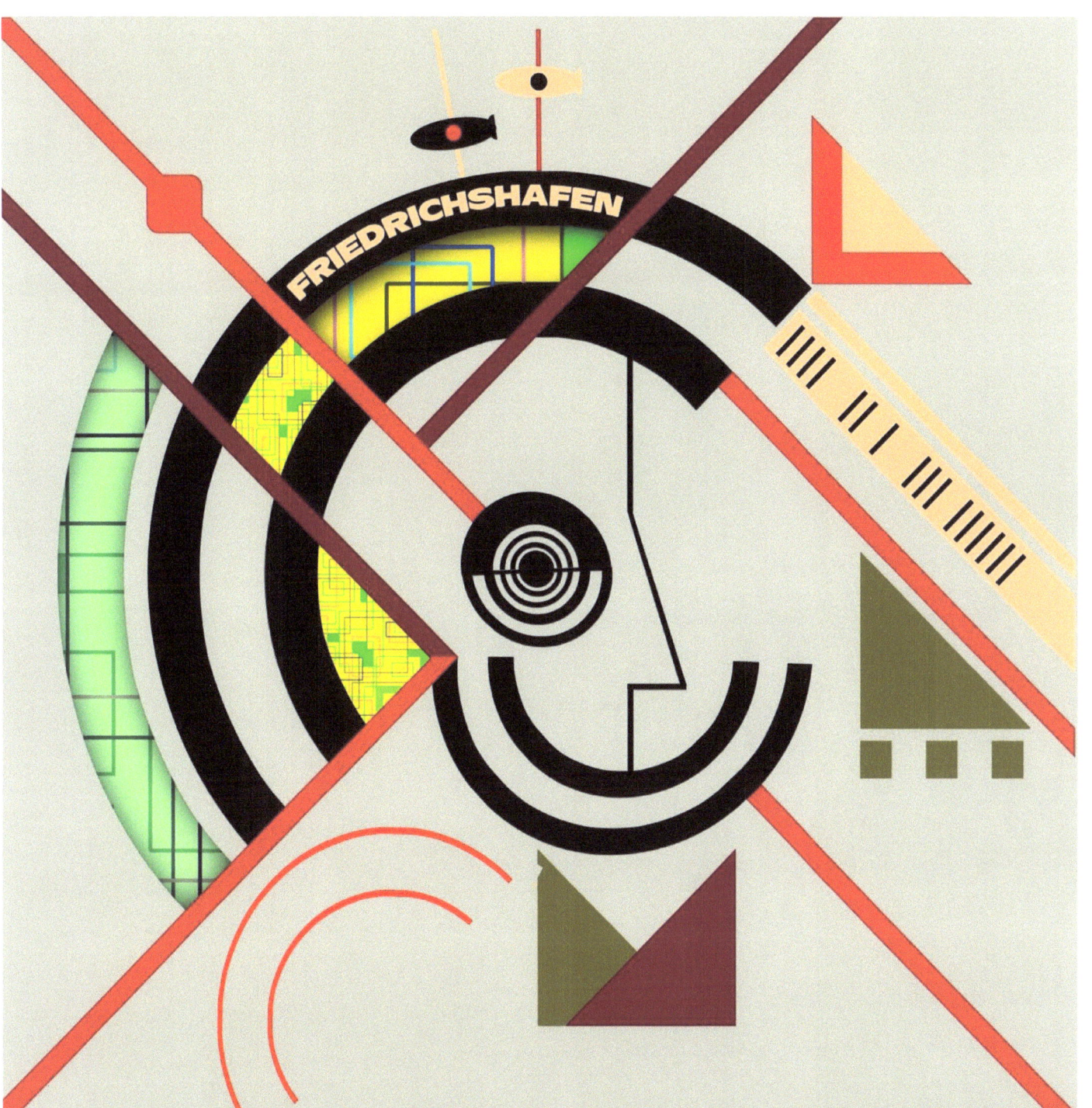

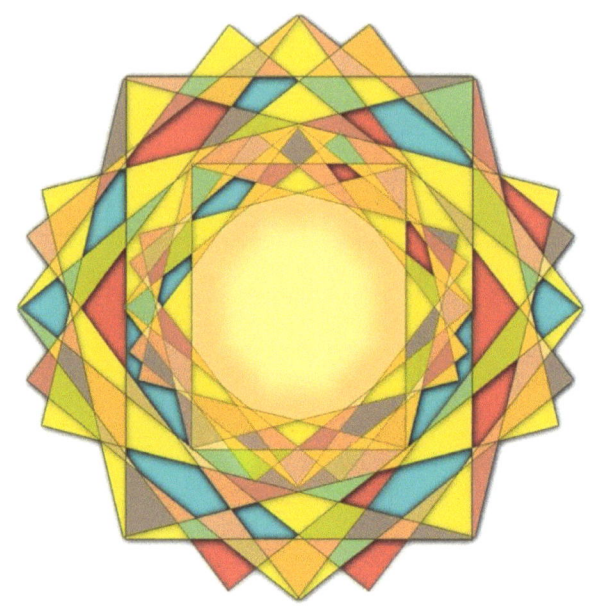

INSEL REICHENAU

WEINKELLER | 140 cm x 100 cm

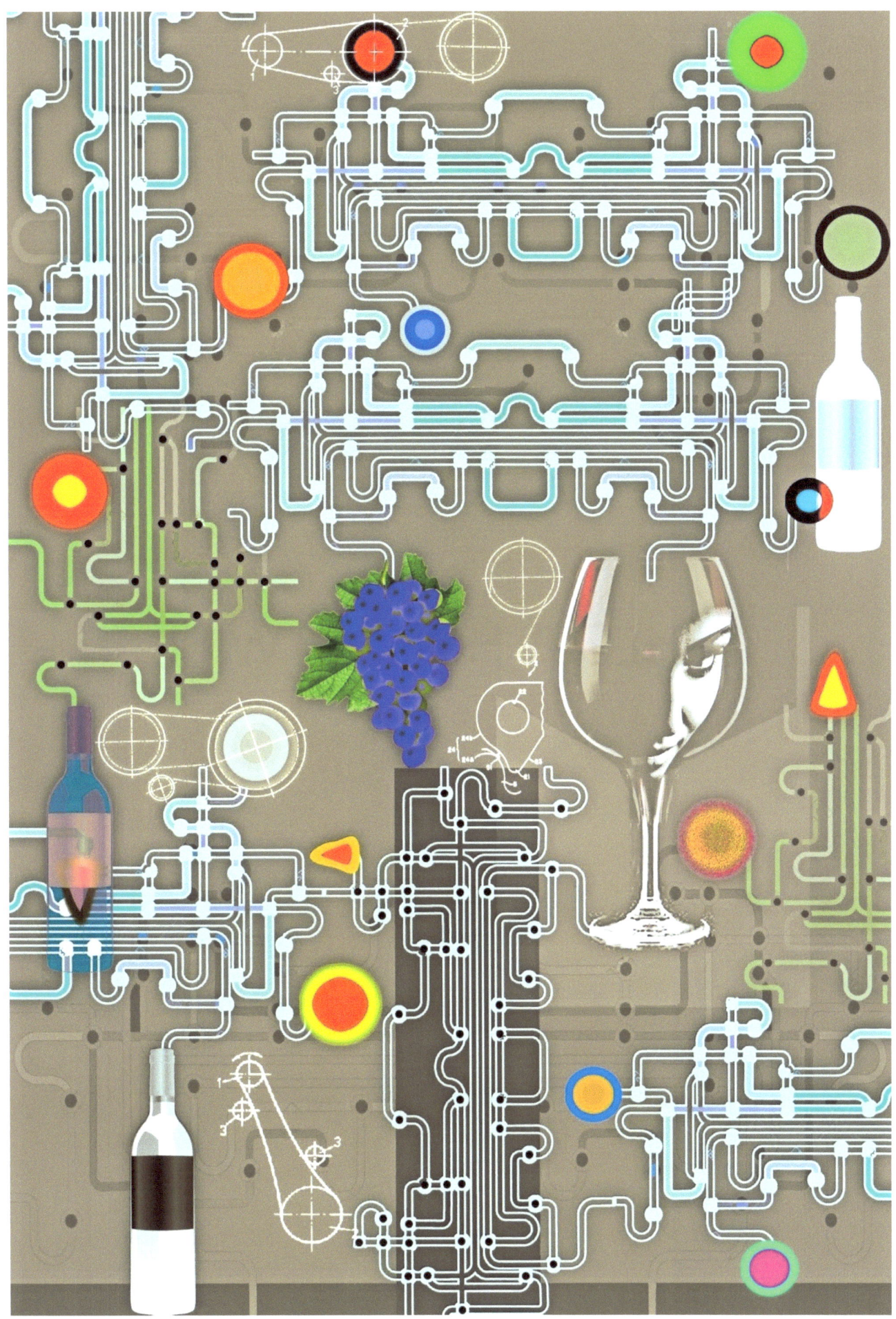

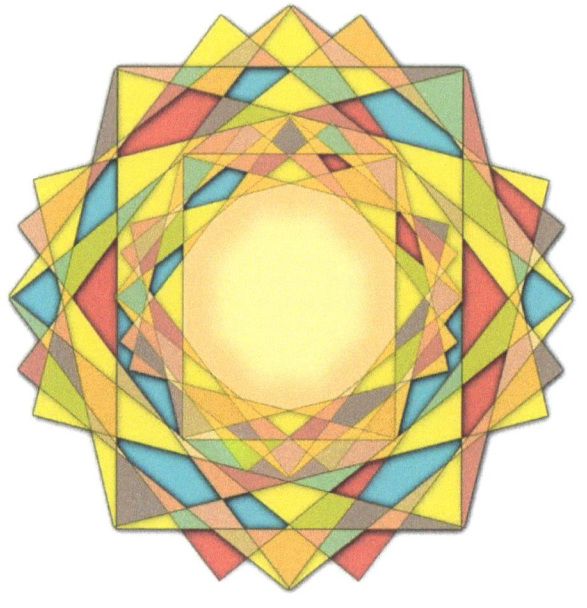

SCHLOSS HOHENTWIEL

HADWIG VON SCHWABEN UND MÖNCH EKKEHARD | 100 cm x 70 cm

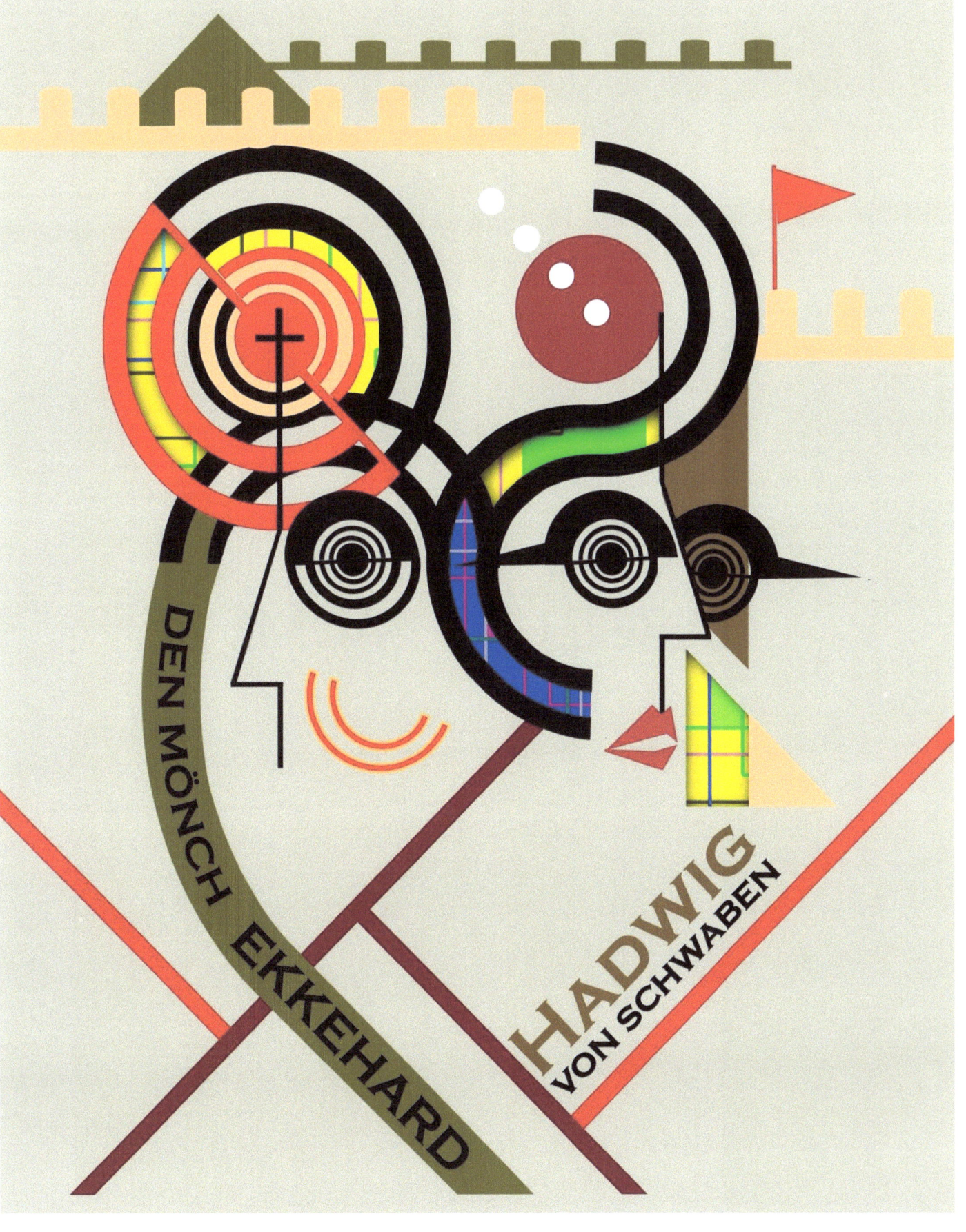

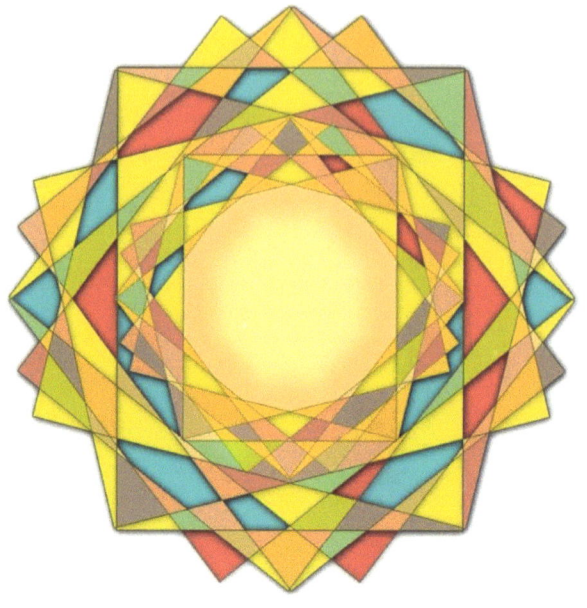

BERGE UND BÄUME

RUNDER BAUM | 140 cm x 100 cm
DREIECKIGER BAUM | 140 cm x 100 cm
SCHWEIZER BERGE | 140 cm x 100 cm
BERG | 140 cm x 100 cm
BERG UND BODENSEE | 140 cm x 100 cm

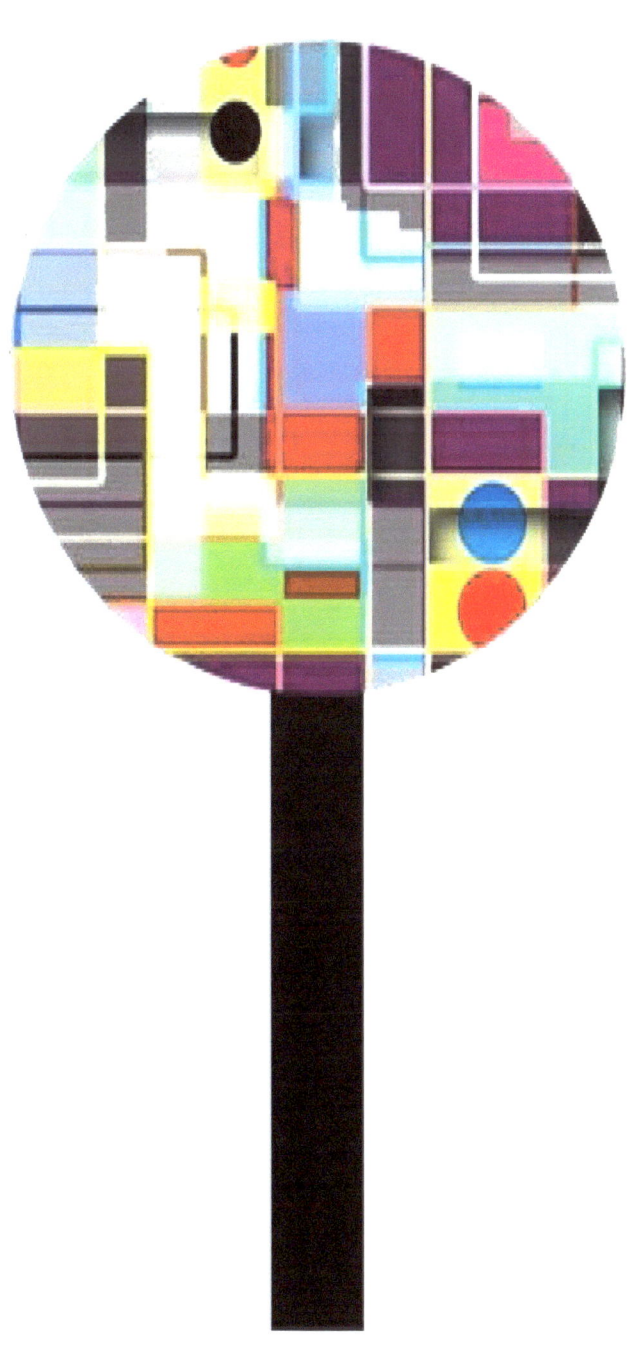

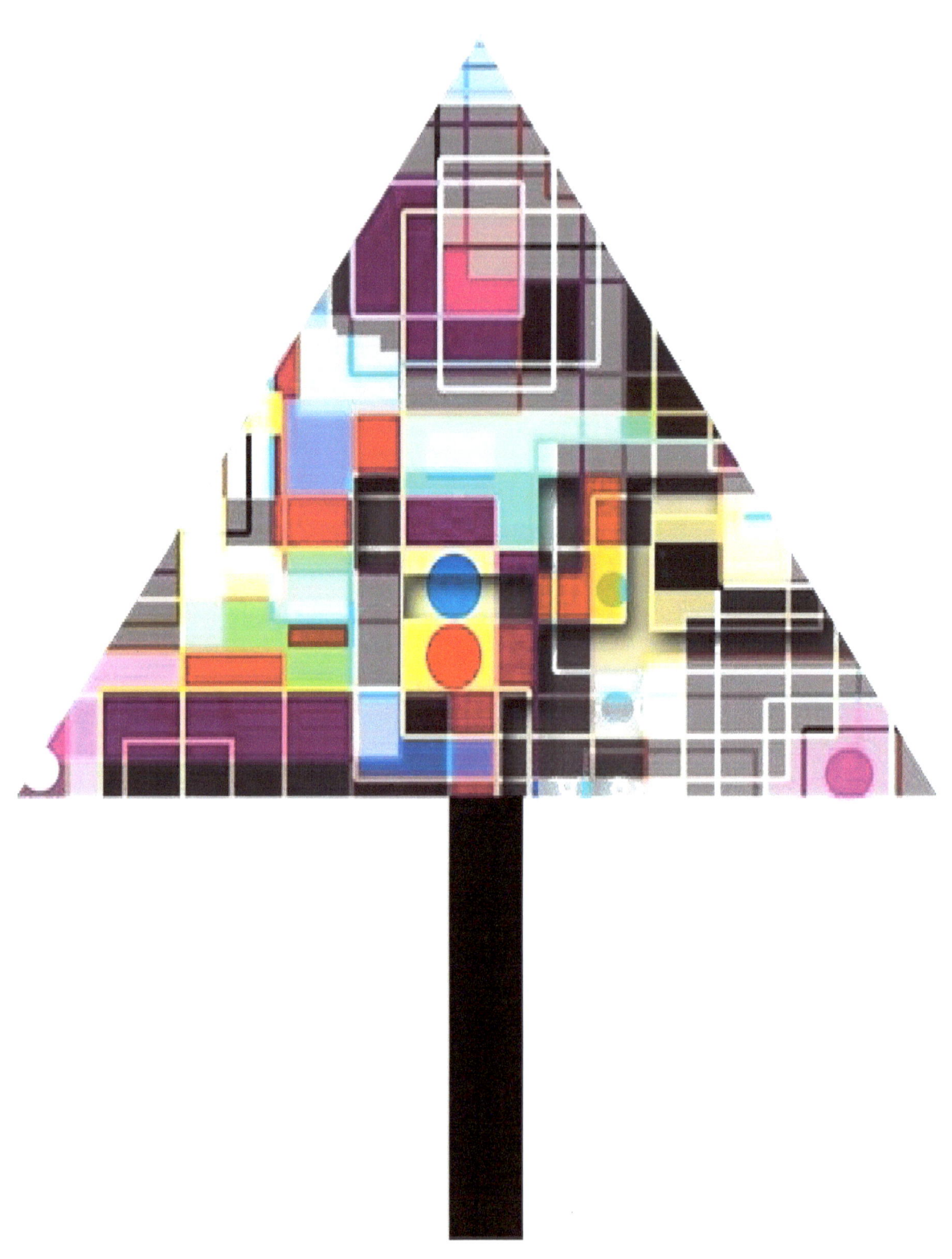

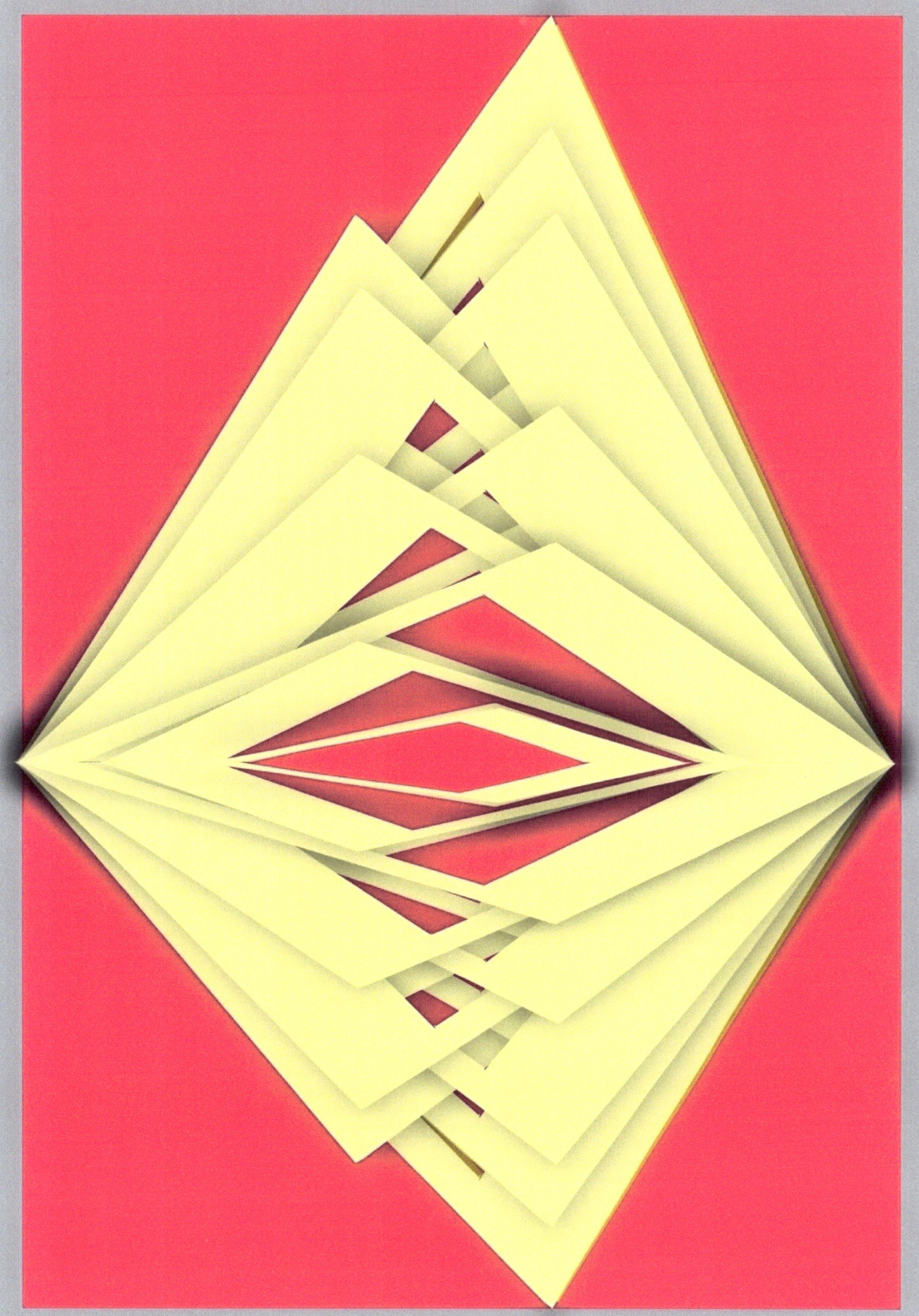

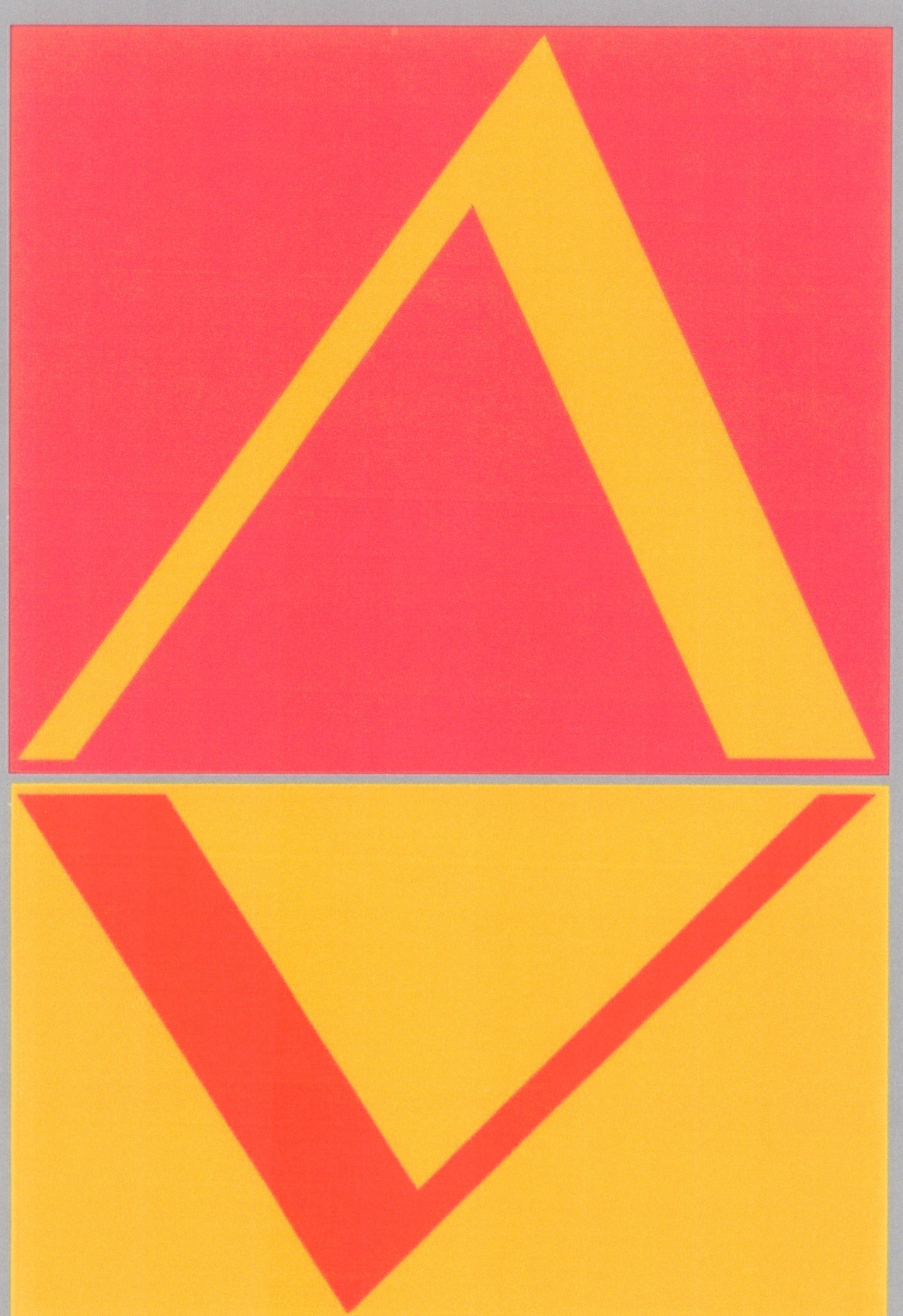

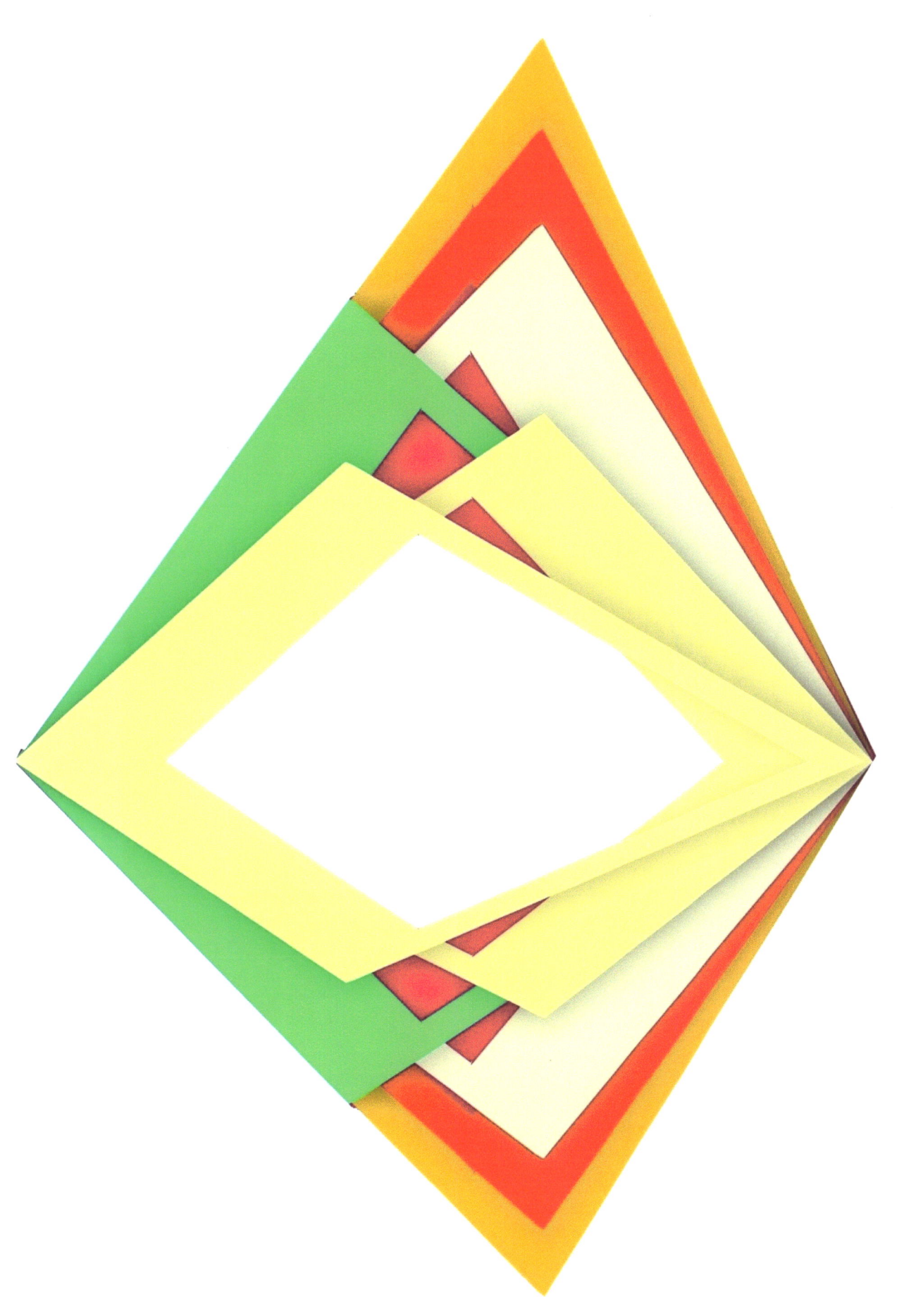

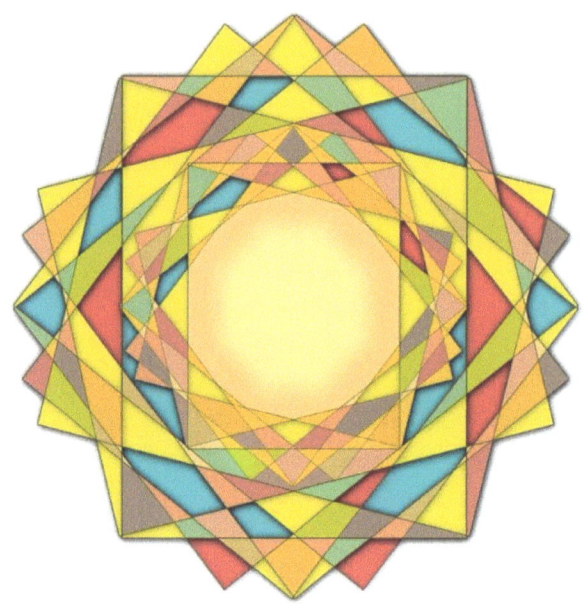

BAUWERKE UND MASCHINEN

KOMMUNIKATOR QUANTUM ZF | 140 cm x 100 cm
EMPATHIE MACHINEN ZF | 140 cm x 100 cm
BIO-HAUS | 140 cm x 100 cm
MUSEUM | 140 cm x 100 cm
ARBEITNEHMER GEBÄUDE | 140 cm x 100 cm

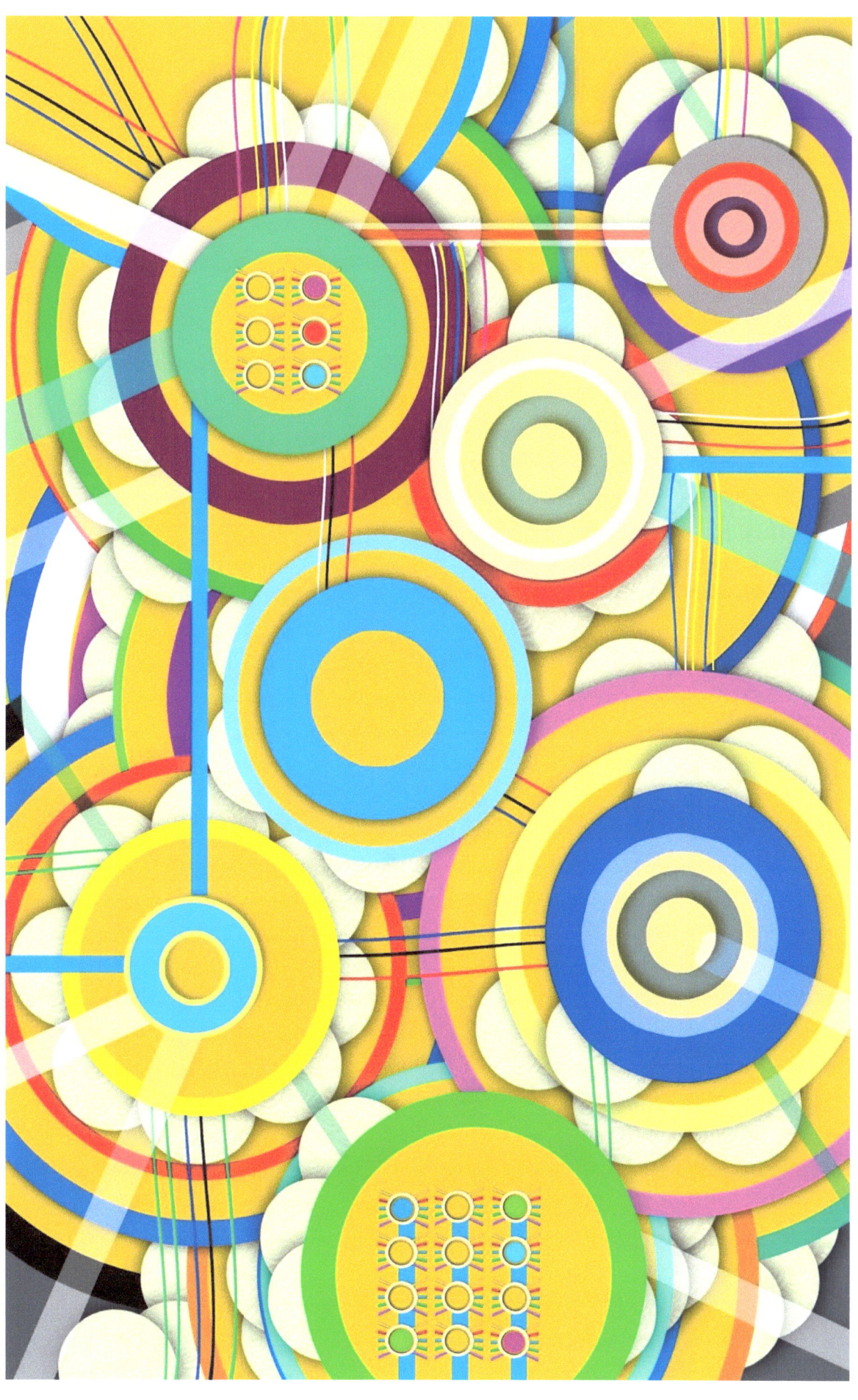

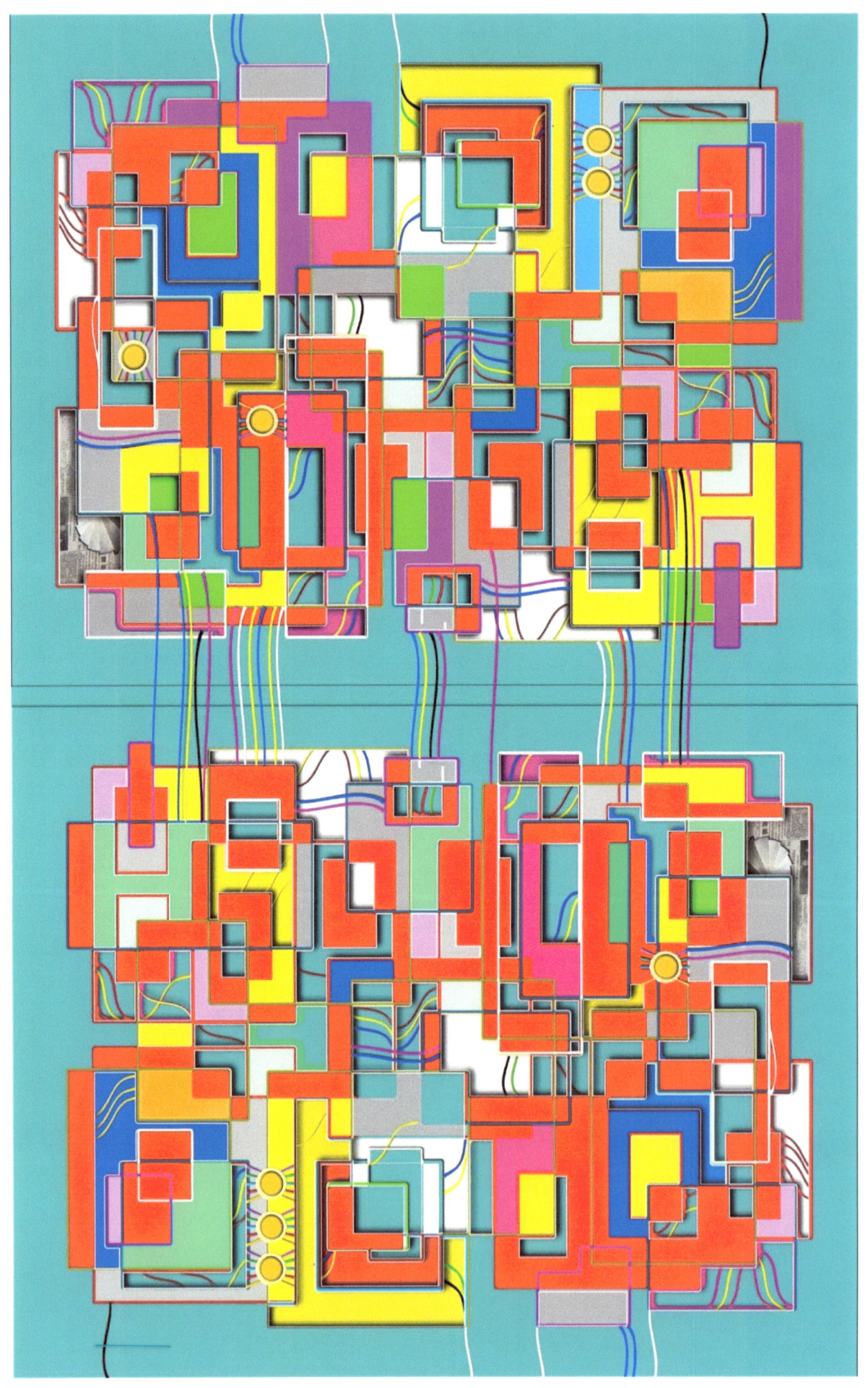

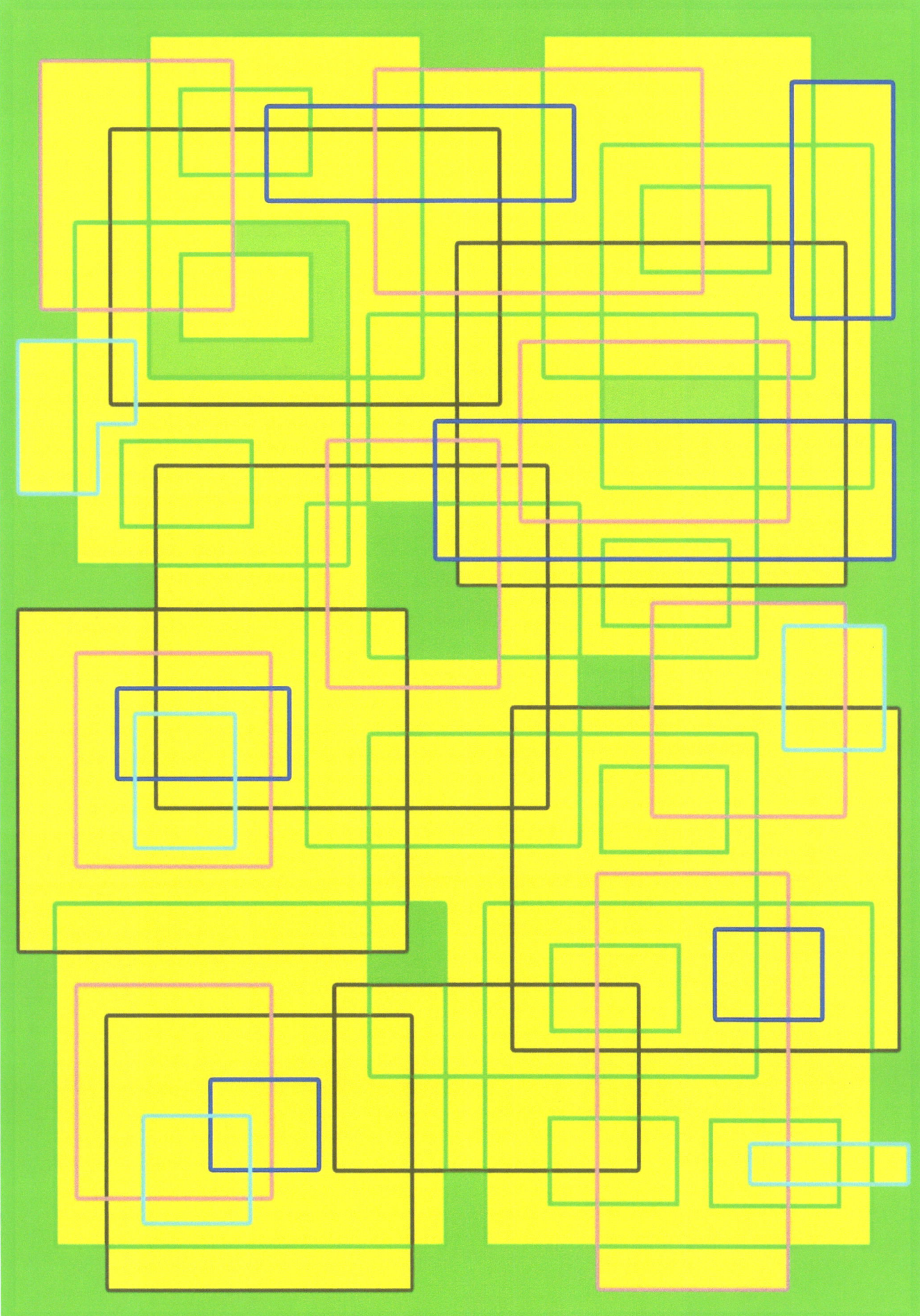

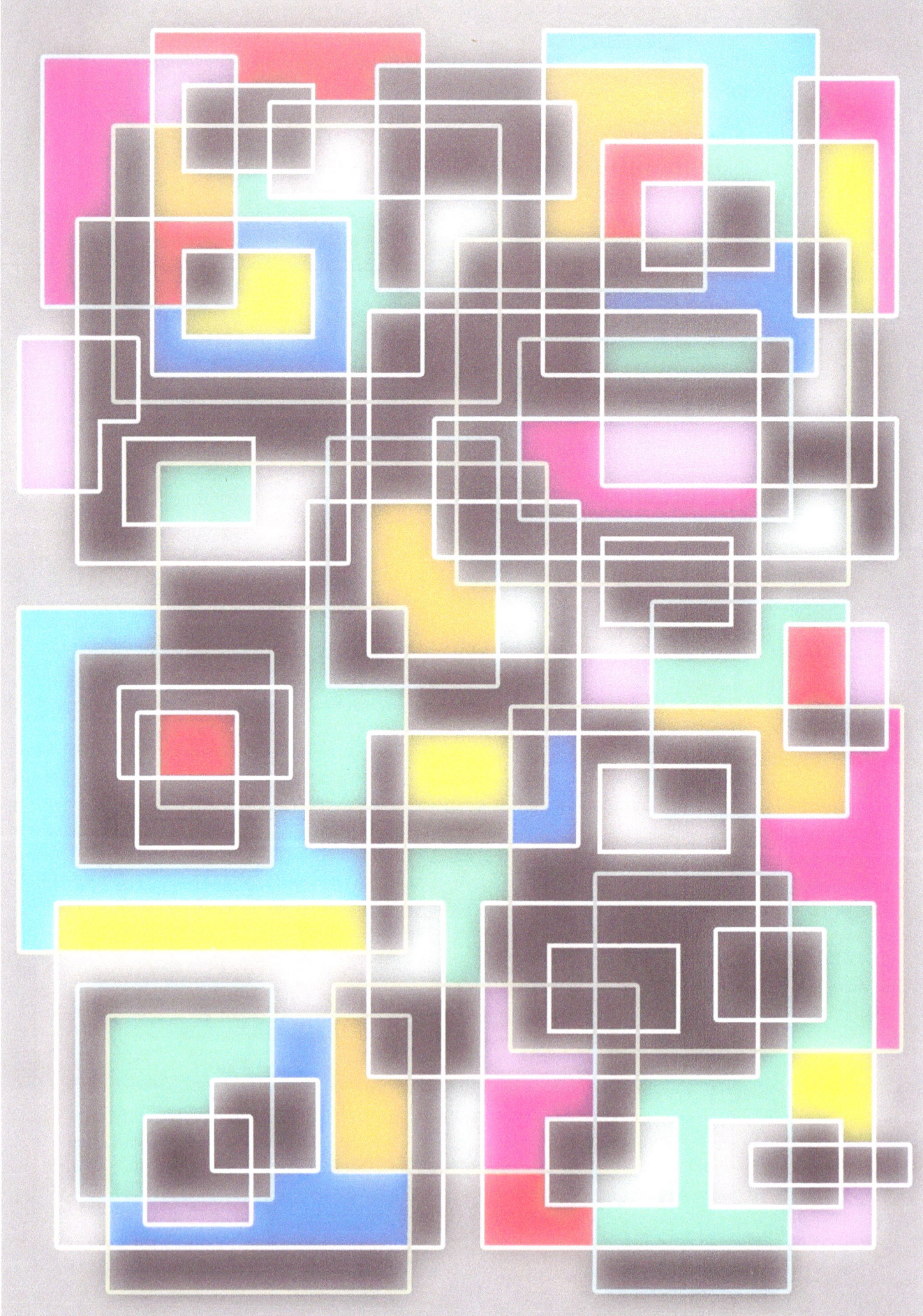

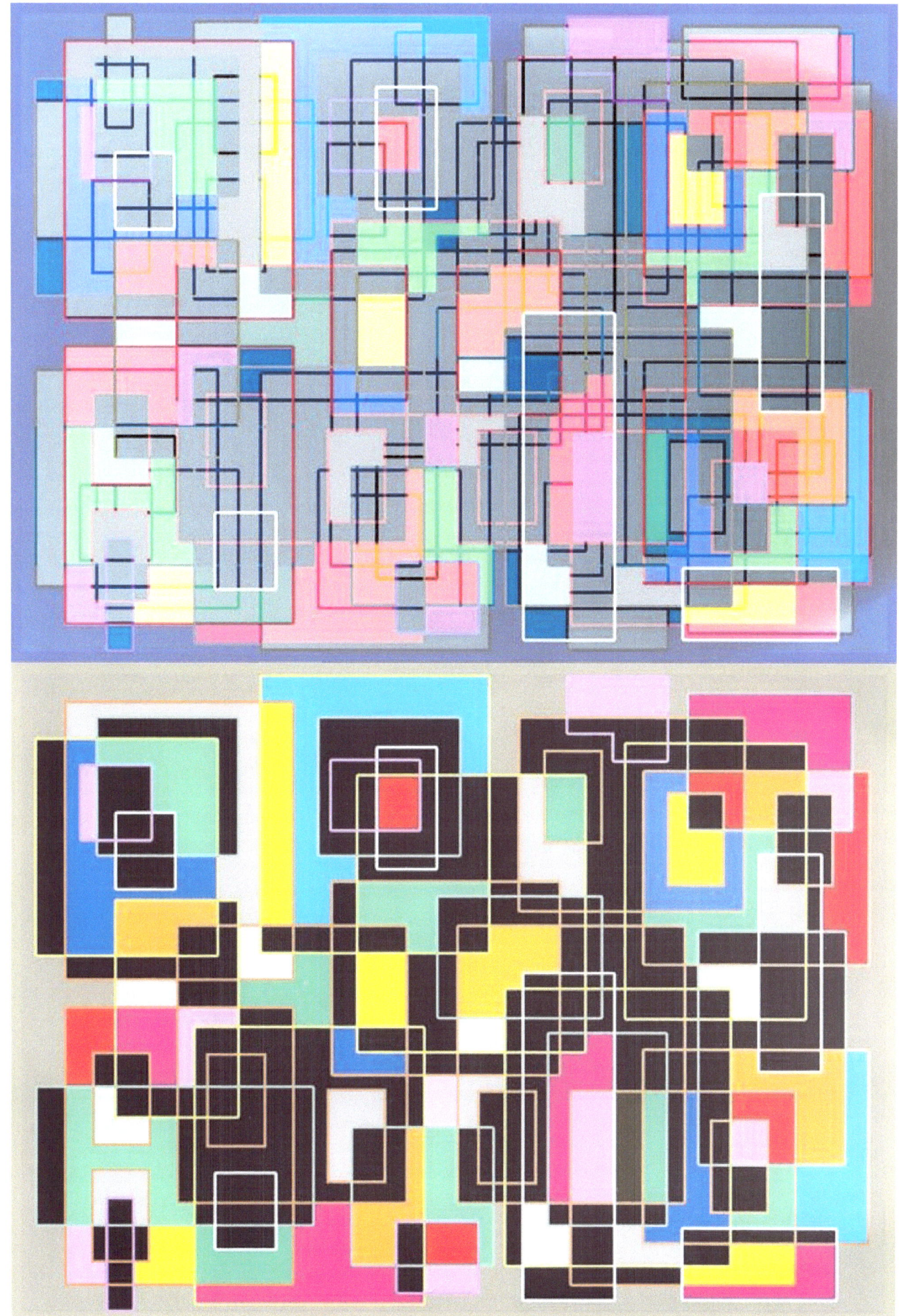

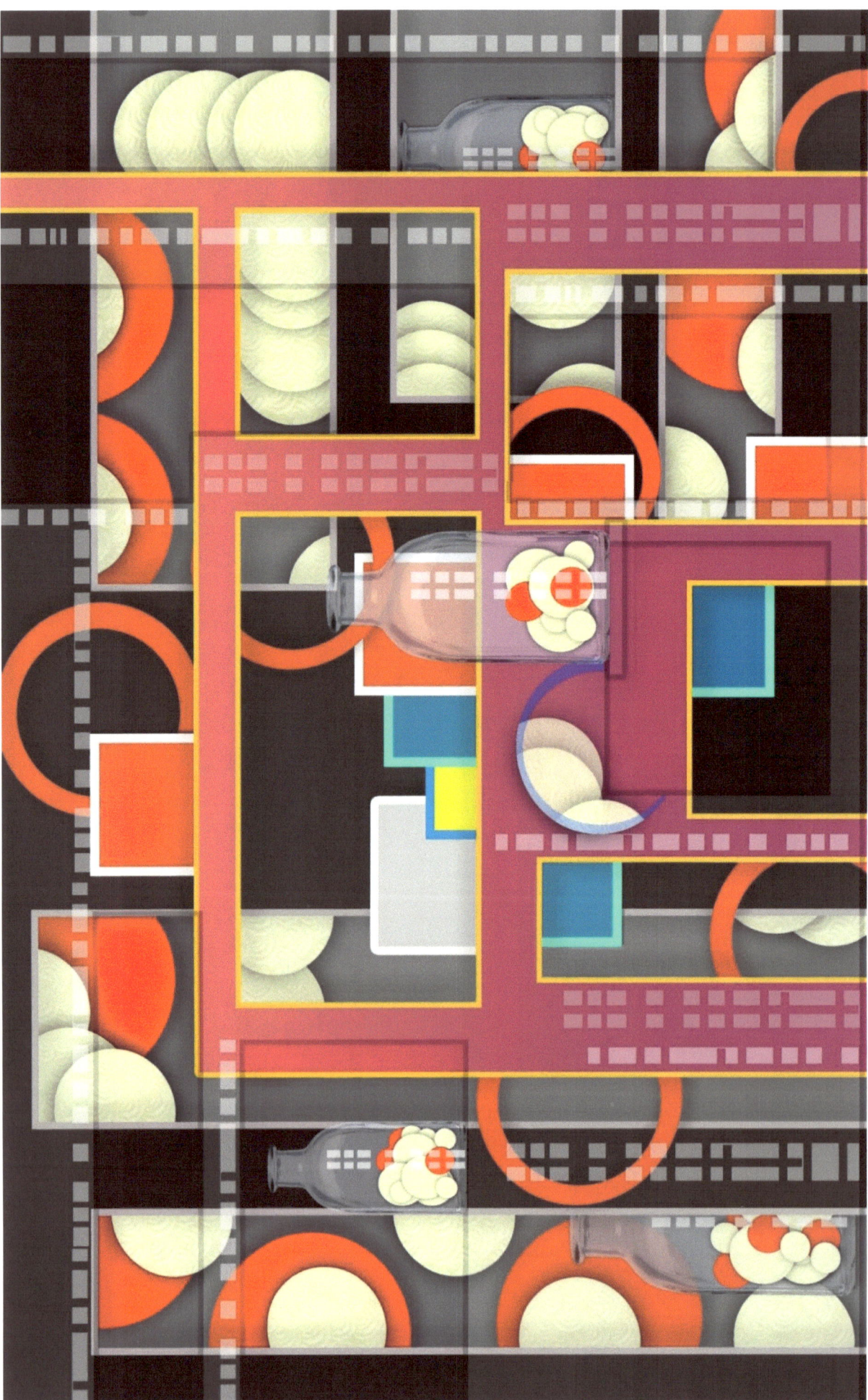

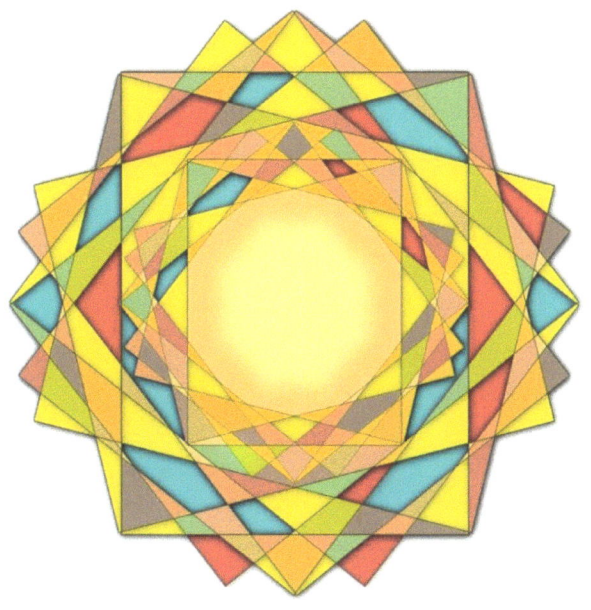

INSEL MAINAU

MAINAU INSEL SONNE | 100 cm x 100 cm
MAINAU BAUM | 100 cm x 70 cm

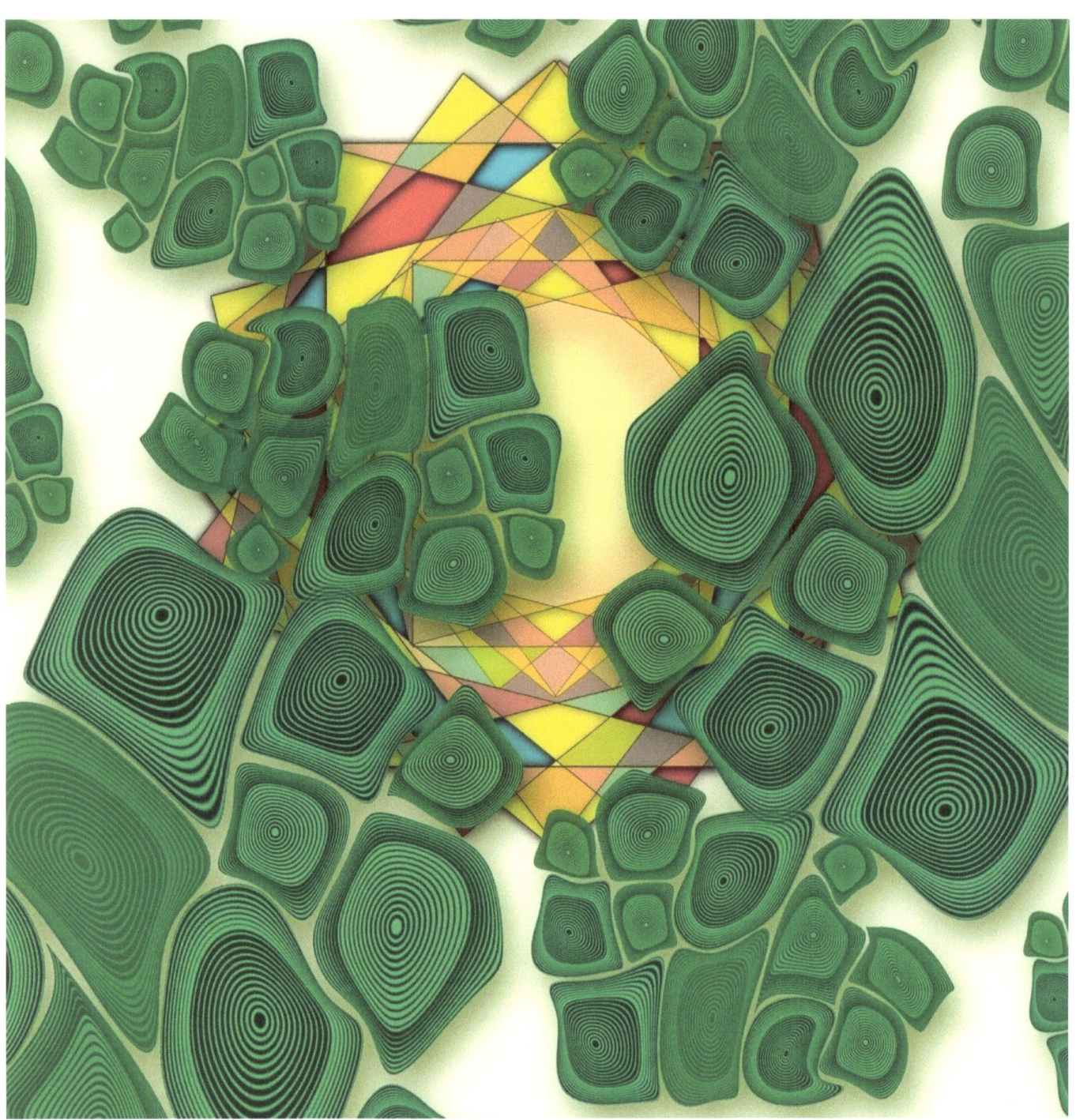

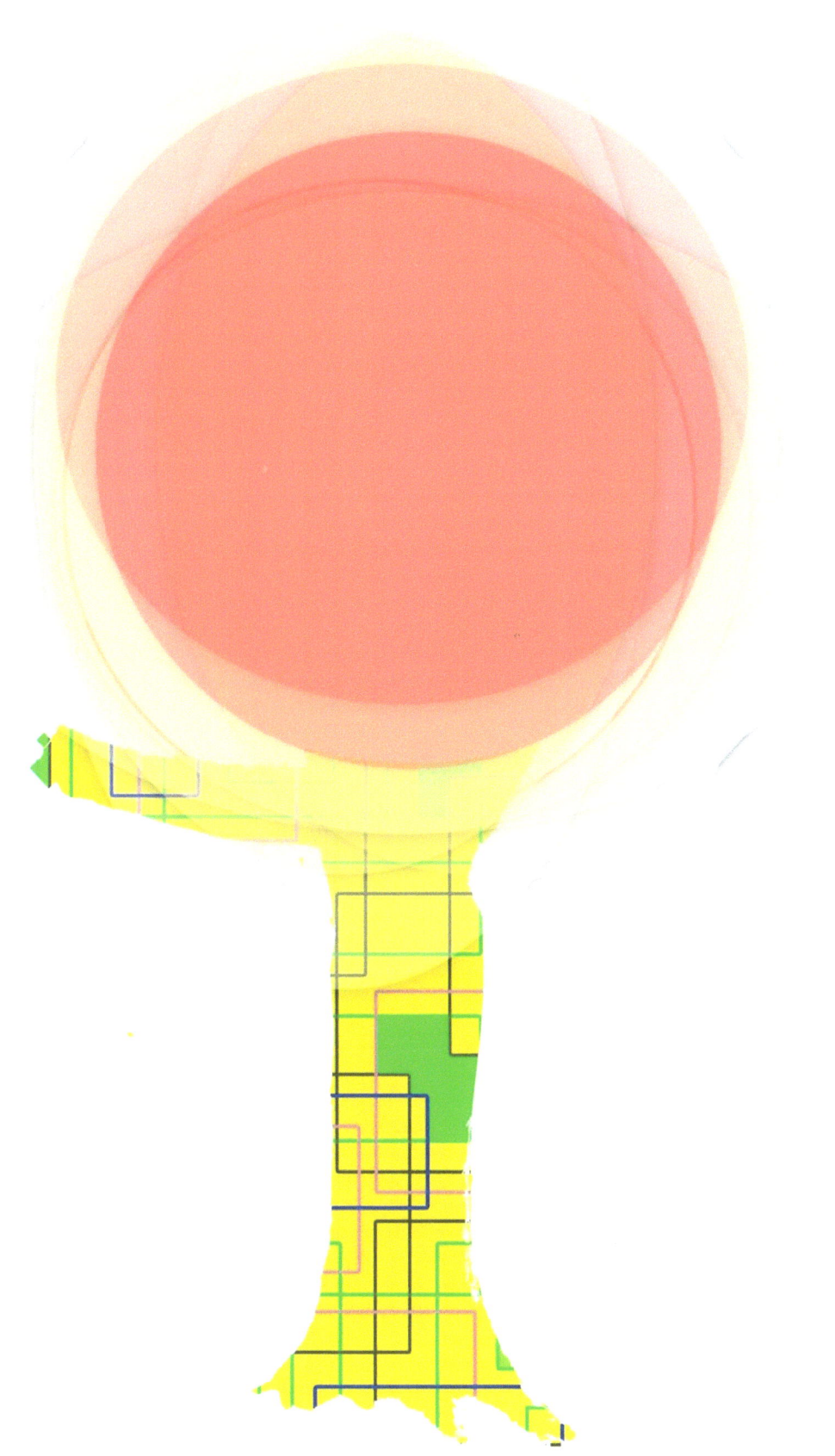

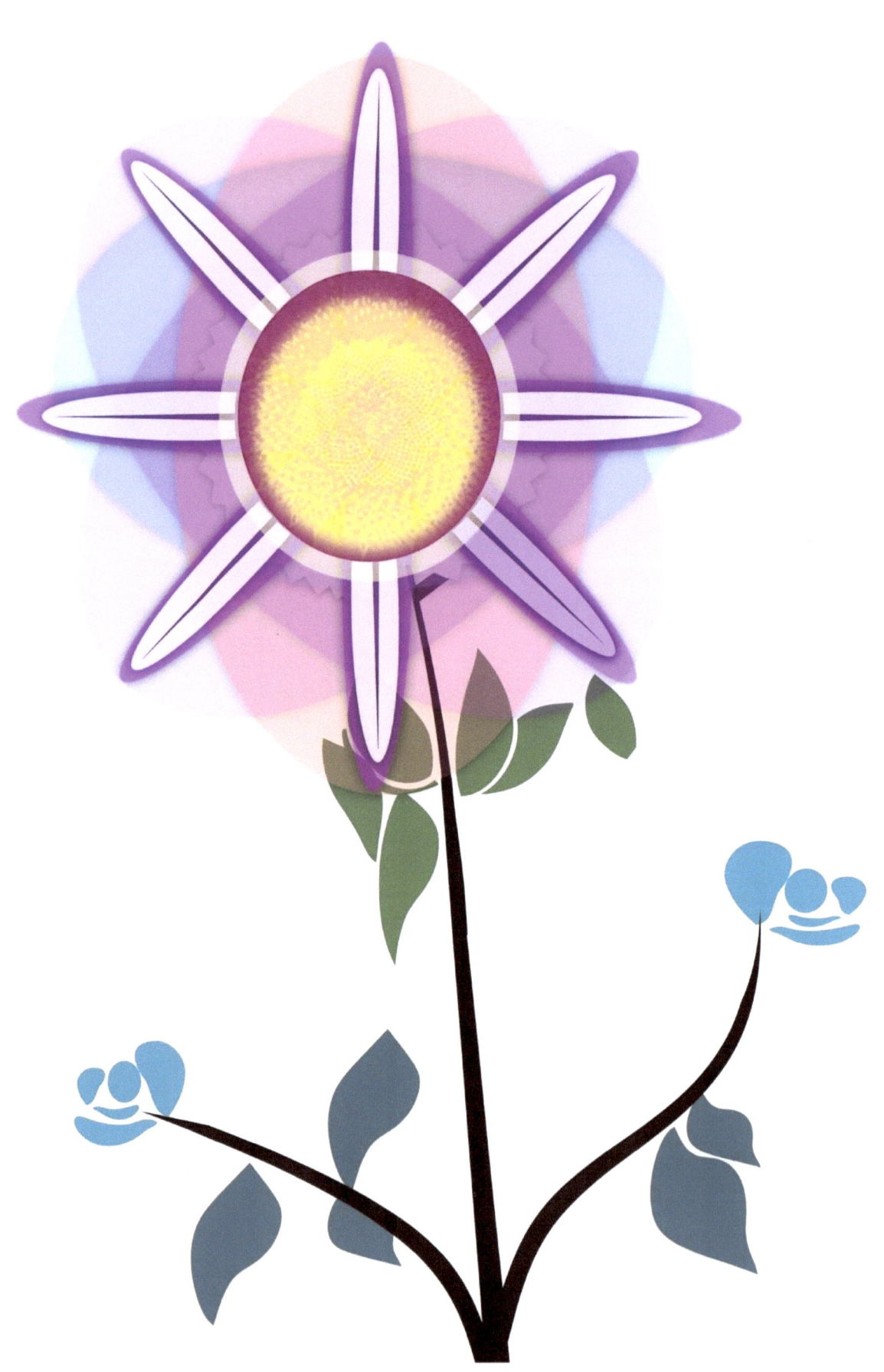

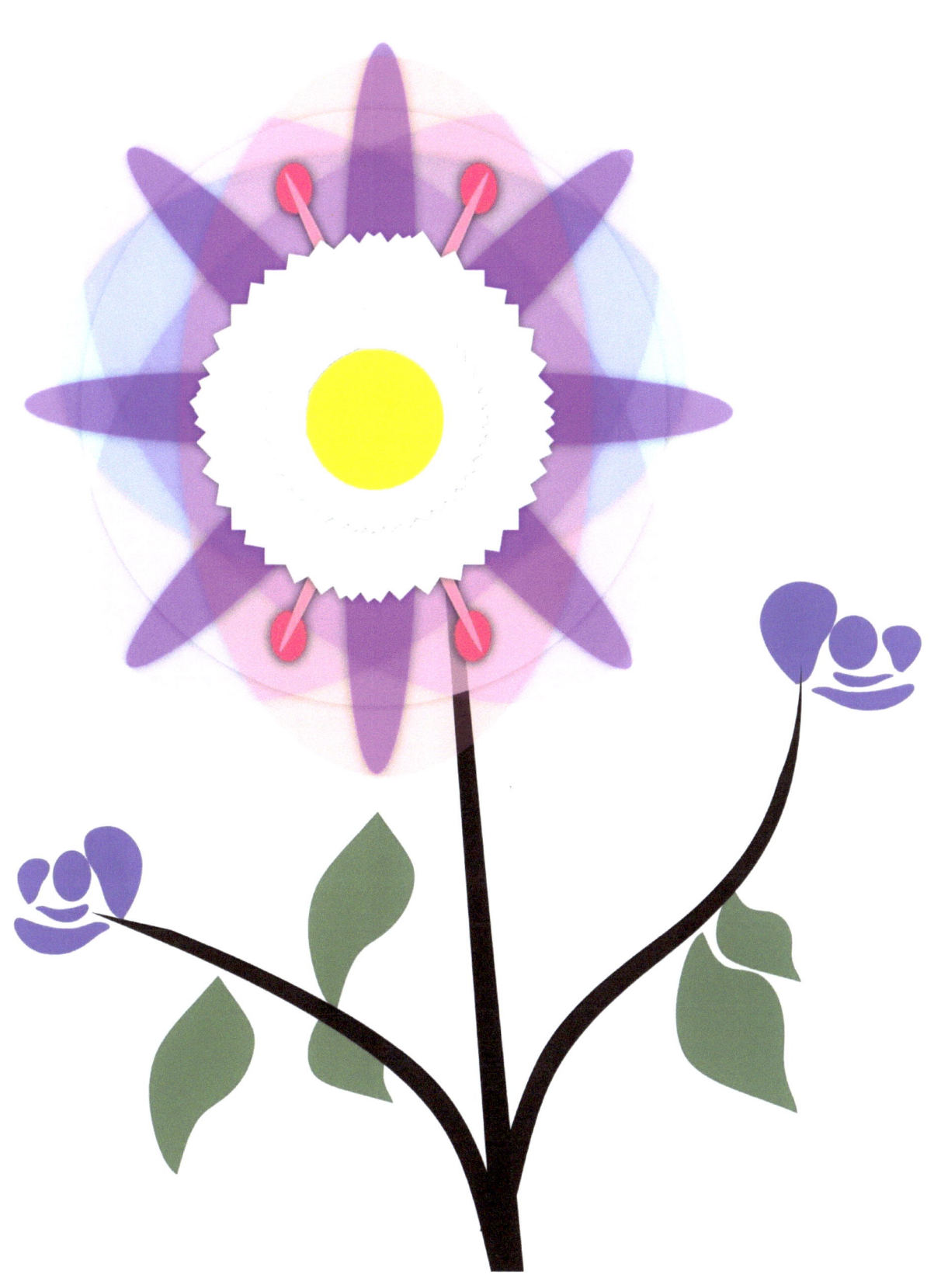

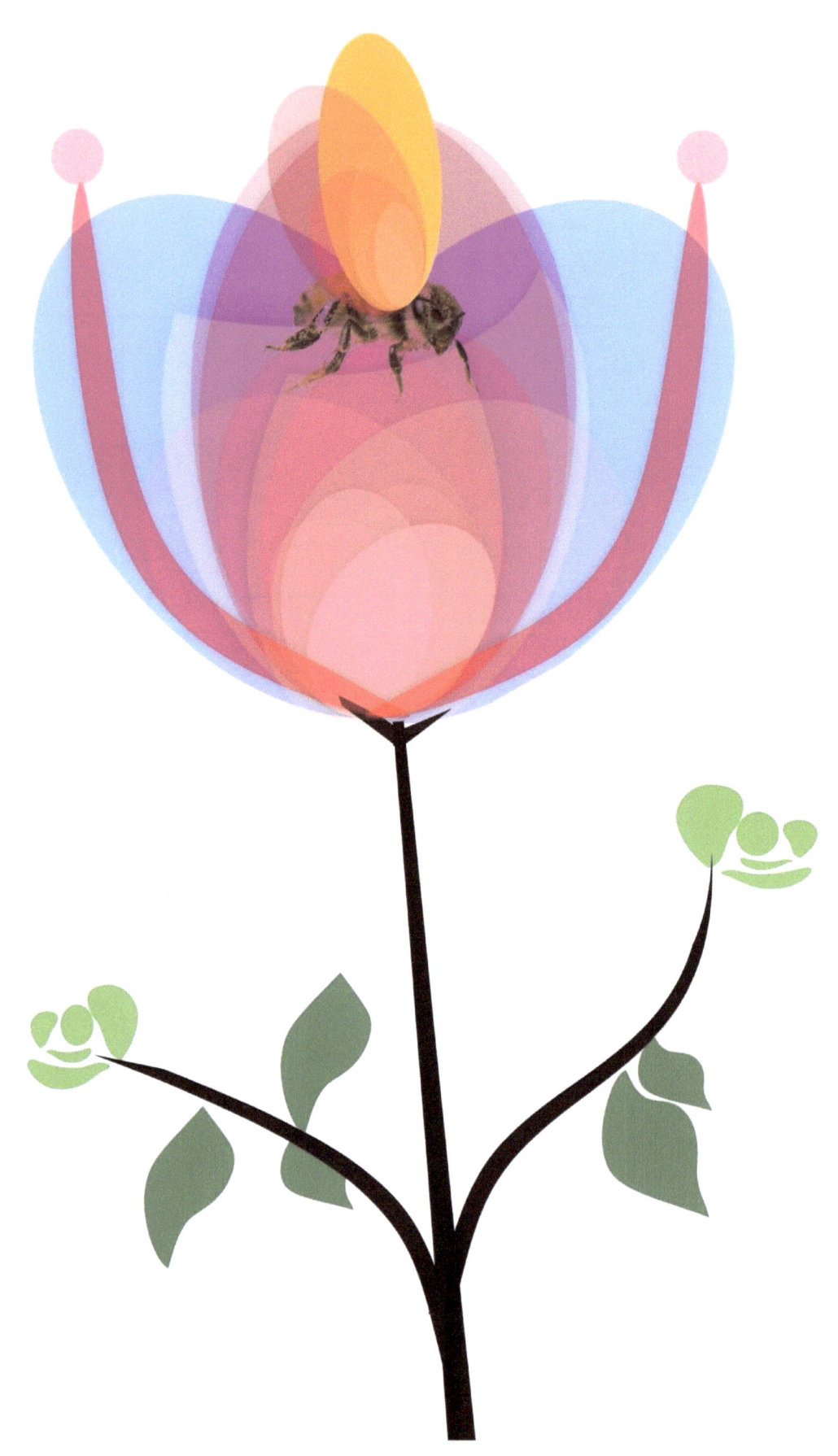

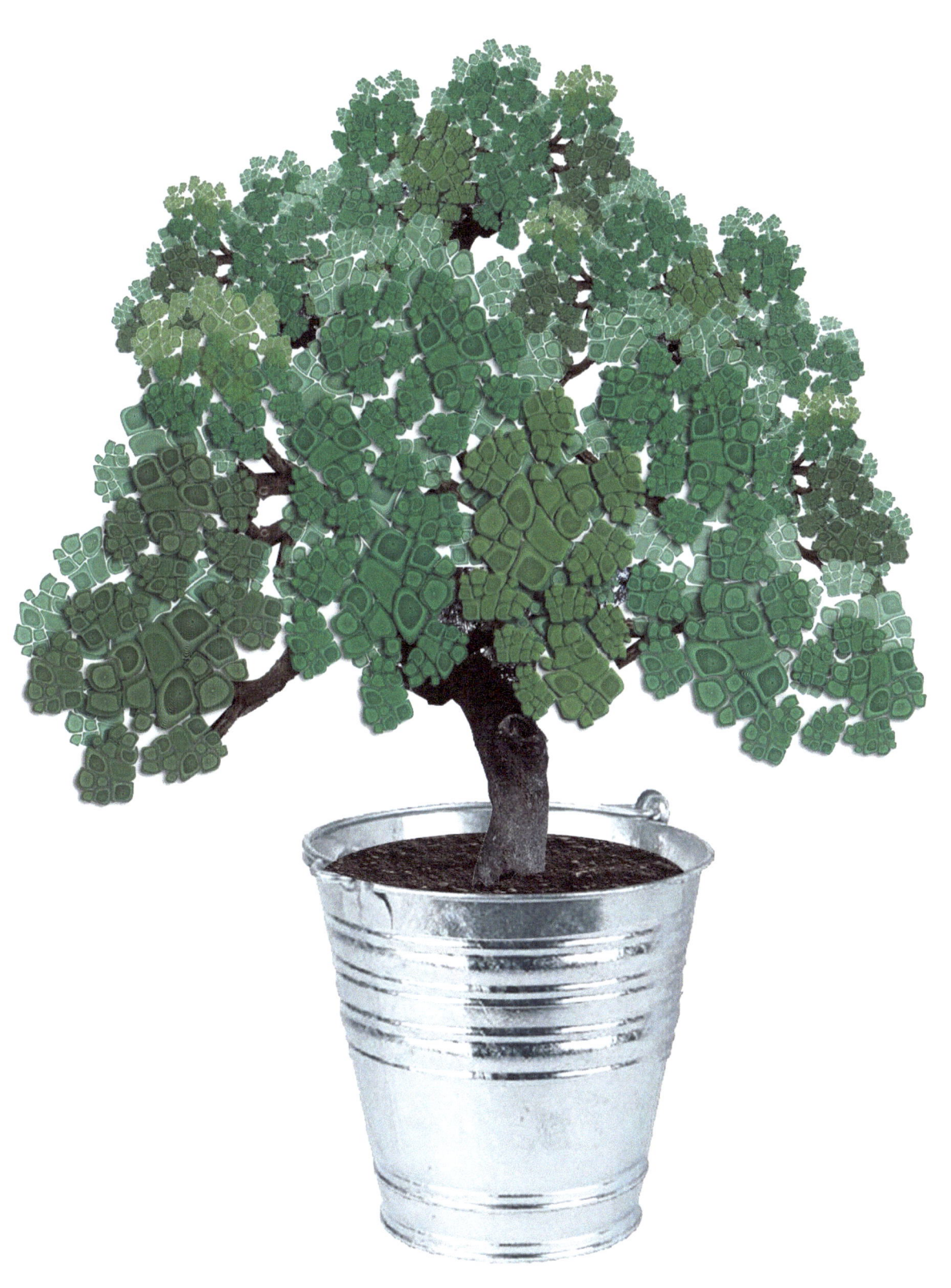

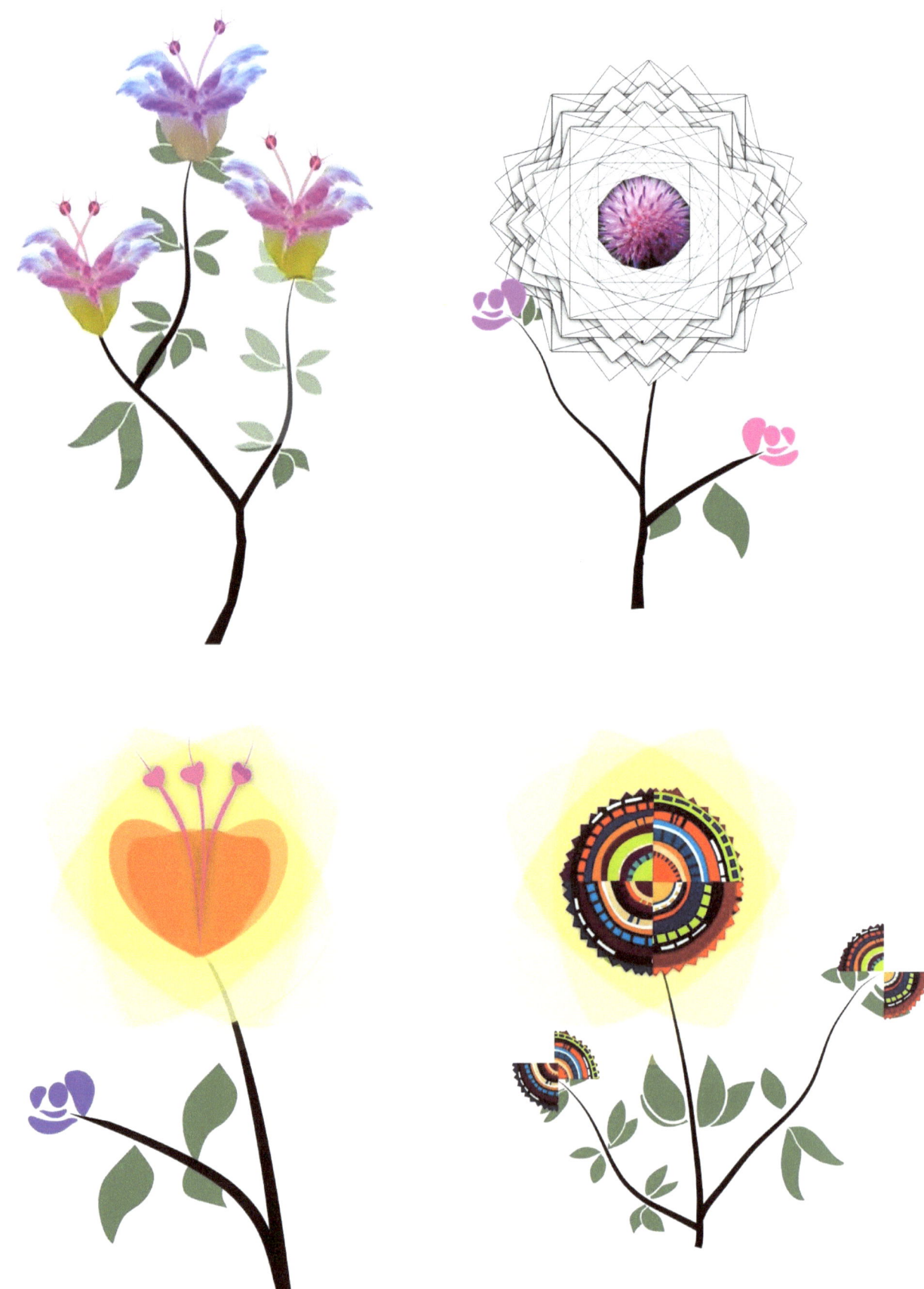

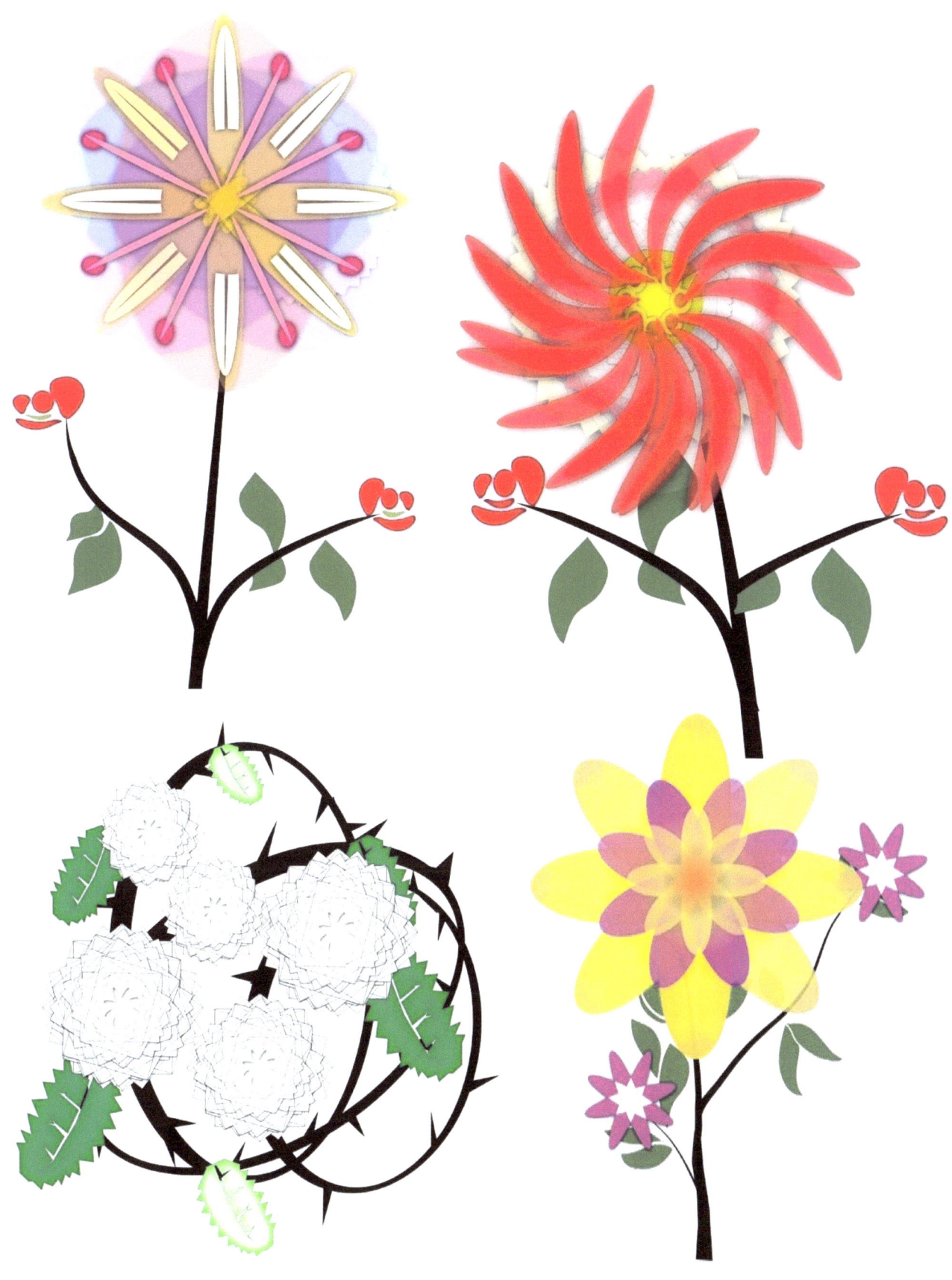

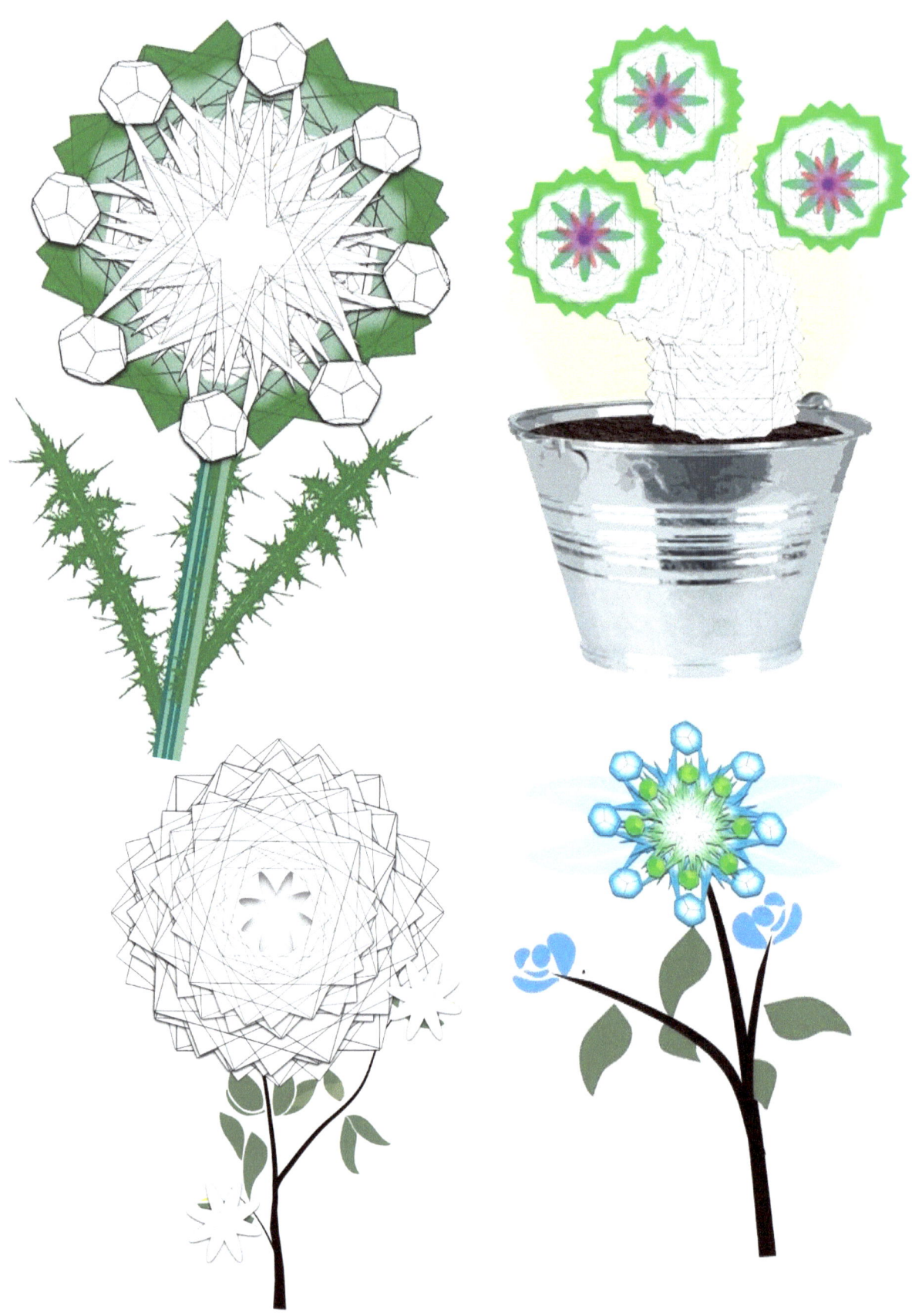

www.ingramcontent.com/pod-product-compliance
Lightning Source LLC
Chambersburg PA
CBHW051200220526
45473CB00003B/849